做好今天該做的就夠了

曦文 著

別著急，
每一朵花都有它的花期和香味，

別急於尋求答案，
其實我們存在，本來就是人生的全部意義與價值。

煙火照人間，舉杯敬此年，

生活雖然普普通通，但要樂在其中，

歲月不聲不響，卻讓人慌慌張張。

簡單純粹

我喜歡純粹的東西,我不喜歡酒裡摻水。

我也這樣對待我的生活。

那些美好而自由的日子

就是有熱愛的事業，有知己好友，有為之努力而心安的歸屬，還有可愛的家人們。

當你越是擔心自己，越向外尋找，也就越容易失望。擁有堅定的內核，才是最大的安全感！

什麼時候開始都不晚

在這漫長而美好的一生裡,

如果你真找到了想做的事,

那麼無論何時決定再次開始,都不算晚。

序　做好今天該做的就夠了 · 17

今天很好，我喜歡今天

餘生短暫且漫長，今天我們好好過 · 28

放過自己，才是真正接納自我 · 33

世界那麼大，你要去看看 · 39

努力，是為了可以選擇 · 42

努力奔跑，努力想要得到 · 45

比起得到認可，更想自在生活 · 50

認真地年輕，認真地老去 · 55

CHAPTER
原諒那個笨拙的自己

偶爾快樂，偶爾沮喪，同為燦爛人生 · 62

別被情緒包裹，去看看人間煙火 · 66

想要快樂，一定不能太關注別人 · 70

山有山的錯落，我有我的平仄 · 74

五歲的孩子，救贖了我對原生家庭的執念 · 76

愛自己比愛世界更重要 · 81

還是要有心願，小一點兒也沒關係 · 87

CHAPTER

路上見識世界，途中看清自己

讓生活好玩兒一些，輕盈一些 · 92
自省的孤獨勝過一切鼓勵 · 96
我們披荊斬棘，活得肆意 · 101
與父母和解，重新認識自己 · 105
女性因重要而強大 · 109
比起時間管理，我們更需要精力管理。 · 116
如今的你，是當初自己喜歡的樣子嗎 · 122
我們仰望燈塔的時候，也會成為別人的燈塔 · 125
我們終將在各自的世界裡學會告別 · 130

希望日子安穩且充實，被喜歡的事情填滿

給自己一點時間，允許一切發生 · 136

做內心強大的女人 · 140

世界很喧囂，做自己就好 · 143

人生的每一種選擇，都是最好的安排 · 147

追光的人，坦蕩且明朗 · 150

與原生家庭的和解之路 · 154

照顧好自己，才是對父母最大的孝順 · 161

生活即旅行，總在不斷出發和抵達 · 167

CHAPTER 05

如果生活好一點，我就去看你了

被「紅色玫瑰」帶走的少年 ・ 174

永遠心動，永遠閃亮 ・ 178

我深愛我們一起相處的日子，勝過世間一切 ・ 184

愛以不同方式存在，並不是每種都放了糖 ・ 187

愛生活裡的種種小悲傷、小歡喜、小意外 ・ 192

誰不想過好一生，誰又真的過好了一生 ・ 197

人生須有抵岸的力量 ・ 201

CHAPTER 06

前路浩浩蕩蕩，萬事盡可期待

內心安定，人間值得 · 206

做一個隨性的人，處事淡然，遇事坦然 · 211

我別無所求，只想被光浸透 · 217

允許生活不止一種模式，喜歡便是最好 · 221

如今最好，別說來日方長 · 227

不要失望，生活是悲傷過後有朝陽 · 232

你吃過的苦、走過的路，點燃了你的整個生命 · 240

永遠追求自由，並活得真實 · 243

後記 生活拋出太多問題，我去路上尋求解答 · 249

序

做好今天該做的就夠了

「做好今天該做的」是我對生活的態度，也是經常掛在嘴邊的，但好像沒有真正意義上給它一個定義。借用這次機會，跟大家分享。「做好」這個詞，是指從事的某種工作或活動都認真負責，而我對它的理解是「專注」「享受」「接納」。「該做的」則是「內心」「真心」「用心」，這句話的寓意是，用真心專注地做事，去真心地享受，用心地接納，今天眼前發生的所有事。

昨天已經過去，不可能改變，也不必後悔，明天的、未來的不可預料，也不必焦慮。昨天和明天，過去和未來，我們都無法改變和把控，能做的只有眼前的每一個今天。

今天會變成昨天，明天自會有答案。我們好像總是懷疑和迷

惑，古語有言，未雨綢繆，又說，計畫趕不上變化。如此一來，我們更加迷茫和焦慮。2020-2022 這三年，我們共同經歷了疫情，思維方式和生活都發生了翻天覆地的變化，我們也明白無法控制未來以什麼形式到來，明天將會發生什麼意外，又會迎來怎樣的驚喜，一切可知的就是不可知。一如蘇格拉底的那句名言：「我唯一知道的就是我一無所知。」

這三年間，在變化之中發生著成長和反覆運算，我以及身邊人都對生命、生活以及世界有了全新的認知和感受。故今借由文字跟大家一起分享。

文字裡有關於青春時光的那些夢想的堅持與選擇，愛情裡的**愛與被愛的故事**；關於人生的無常，特別是面對事業與感情的選擇，堅持還是放棄、留下還是離開，常讓人糾結不已；面臨在哪個城市工作、什麼時候結婚、要不要生孩子的社**會定義與自我選擇**；成長路上的目標與燈塔，偶像與粉絲之間的雙向奔赴，以及自我否定時、遇見黑暗時看見光而被照亮、救贖的故事。

當我們面對一地雞毛的生活時，依然抱有選擇的堅持、所愛的執著、等待的幸運，願有緣遇見這些文字的你，能在這些不同的故事中，去看見、瞭解世界的不同，用平和的接納方式繼續快樂而自由地去渡過屬於你的人生。

親愛的你，無論此刻你過著什麼樣的生活，都祝願你明天能夠更好，更愛自己，更加健康。

與其一樣，不如合適；與其更好，不如不同，生活裡已經有很多人都一樣了，追求類似的身材，相似的人生路徑，差不多的人生，而你能找到合適自己的就很幸福，晚婚、不婚、買房與否，都是你的選擇；**成功、幸福與否，也不是別人定義的，自己喜歡就好。**

唯願你可以好好做你自己，全世界獨一無二的自己。

從告別裡獲得的成長

人生就是不斷告別的過程，告別那些陪伴很久的人，告別過去的身份和標籤，告別過去的自己，我們也都會在告別裡得到成長。

過去三年裡，我告別了最愛的奶奶和曾經陪伴我十多年、救贖過我生命的閨密；有了新的身份標籤，以未婚未孕的身份，陪伴侄兒海濤成長。

2022年，我用了一整年的時間調整生活作息和身體狀況，關注內心，讀了很多關於哲學、經濟學、心理學、傳統文化的書，也認識了很多有趣的靈魂。

本書中故事的主人公們也經歷著各種不同的變化。

那個「壞女孩」佳欣在收穫幸福之後，又離開了這個世界，以自己想要的方式告別了這個她生活了38年的世界；那個在經歷了母親生病之後的男孩，放棄了對抗現實，找了個合適的女孩結婚，今年還做了爸爸，之後我們默契地沒有提及那段他與世界對抗的時光；那個怕黑的姑娘依然怕黑，但學會了如何跟自己相處；那個被出軌的丫頭，依然相信愛情，也遇見了屬於她的另一半；那個經歷了3次婚姻的「公主」，在關係裡找到了自己的使命，開始專注自己的事業；那個和我沒有血緣關係，但最瞭解我的異性朋友，回到了跟自己最適配的靈魂身邊，我們還是名義上的情侶和外人眼裡的最佳伴侶。

照顧五歲的侄兒海濤時，我用盡全力想要幫他構建安全感，讓他把我的家當成他自己的家，讓他擁有被愛的感覺，而他卻跟我說：「我未來會有屬於自己的家。」那一刻，我的心靈突然被狠狠戳到了，同時也有種釋懷和被救贖的感覺。

在那段時間裡，我不僅更加明白了生命的意義，也走出了原生家庭與生長環境的禁錮，救贖了我抑鬱的情緒和沒有安全感的情結。

我們的原生家庭只是我們來到這個世界的起點，之後的成長

環境，是支撐我們蛻變的力量，最終，我們都會在各自的境遇裡看見自己，找到自己，成為自己。

我們要做的不是依靠原生家庭去彌補或者找尋自己在世界裡的角色，**而是借由原生家庭讓我們看見生活不一樣的側面。**

每個人都需要去自己構建世界。我們終會擁有「自己的家」，一個由自己打造、屬於自己內心、可以用來安放靈魂的「家」。

在前28年裡，我一直將所有的不安和境遇都歸於原生家庭，但在侄兒海濤說出「我未來會有屬於自己的家」的那一刻，我突然被治癒了。

擺脫一個沒有安全感的討好型、付出型人格，變得越來越有力量、越來越自信。

內心缺乏安全感的人是什麼樣的呢？

他們會懷疑這個世界，不相信美好會與自己產生關係，對一切待自己好的人抱有質疑，不願意信任他人，很難對外界事物產生興趣，對世界缺乏好奇心。

追其源頭，不過是**嚴重缺乏自信的人，無法用自身的成長和創造力帶給自己快樂。**

沒有安全感的人，即使把全世界都給他，他仍然不會有安全感，既患得也患失，得到的越多，產生的恐懼越大。

安全感是一種對自己內心自信感的確認，絕對的安全感源自自己對自我的認可，從別人那裡得來的安全感，如水中花鏡中月，最終都會幻滅。**安全感從來無法外求，它是我們內心世界的篤定與坦蕩。**

一直很喜歡李嘉誠先生說的：「真正的安全感，來自你對自己的信心，是你每個階段性目標的實現。而真正的歸屬感，在於你的內心深處對自己命運的把控，因為你最大的對手永遠都是自己。」

安全感自己給自己，有三層意思：第一，自己可以養活自己；第二，自己可以面對自己的孤獨；第三，自己可以給自己帶來快樂。

每一個來到世界的你，都是獨一無二的人間使者，應沉浸式享受僅有一次的人生體驗。在面臨人生中一些選擇時，「選擇什麼專業？去哪個城市發展？要不要離開不對的人？」等，只須聽從內心的指引，不要過多在意外界的聲音，不要害怕質疑，能活成別人的談資也是一種本事。

任何時候，我們都必須先照顧好自己，才能去照顧別人。我們必須先愛自己，百分之一百的愛自己，只有這樣，走近我們的每一個人，才會效仿我們愛自己的方式來對待我們。這不叫自

私,這是人性。在這之前,我們必須有面對錯的事、錯的人的勇氣,和它們告別,接受它們帶來的一些「陣痛」。

《做好今天該做的就夠了》,以原生家庭、生長環境、成長境遇、看世界的角度、與自己的關係等為主題,講述那些日常生活中關於自我的真實、情緒的變化、事業的選擇、感情的糾結、家人的羈絆、血緣的連接、愛人之間的衝突,以及跟世界對抗又和解的故事。願你能夠在故事裡看見自己,照見過去和未來。

雖然現實世界有太多統一的審美、統一的認知、統一的標準,但我們不能要求所有人都跟我們一樣,也要接受和允許其他人的不一樣。

短視頻裡,到處都是身材好、長得好看、有才華、有錢的人,但請你不要因此而焦慮不安、妄自菲薄。不是所有人都必須跟其他人一樣,一定有人喜歡胖子、喜歡長得相對平庸的人。你或許很平凡、很普通,但你就是全世界獨一無二的呀。

在法律和道德允許的範圍之內,只要對他人無毒無害,就可以去做任何你想做的事情,過任何你喜歡的生活,不要在意外界的眼光與評價。

這個世界沒有任何人的愛能夠讓你放棄好好愛自己。接受一切自己未曾擁有和理解的生活,並允許它的存在。學會跟你未曾

理解的一切共存，與之保持一份敬畏就好。

如同《半山文集》裡說的：「你不必去理解每一個人，去理解每一類人；不必去理解每一件事，每一種存在，但一定要去理解人類存在的多樣性、人格的多樣性、萬物輪迴秩序的多樣性，去承認並接受這樣的多樣性。」

理解和接受人的多樣性、存在的多樣性，不是為了用來理解別人，而是為了來理解不能接納某一種人和某些事物存在的自己。

運用「多樣性」的真理來調整自己的負面情緒，就能擺脫它們對自己的負面影響。

世界很大，每個人的成長環境、國籍甚至宗教信仰也不同，所以別人的不理解、不認同、不喜歡，都是常態。如果所有人都一模一樣，那我們的生活多麼無趣。

世界很小，小到世界其實只有我們自己。來時自己來，去時自己走。

這世界已經有很多人過著一樣的人生了，在這只有一次的人生中，我們不妨盡情選擇自己喜歡的，好好體驗屬於自己的生活美好。

在商業裡有一個詞叫「錯位競爭」，其意思是，你不要去跟別人比長處，而是要找到自己的優點，去做那個更好的自己。

同齡人、身邊人都有好工作,都在結婚、買房時,你不必焦慮是否會落後別人,你只需要在自己的時區裡做那個最好的自己就夠了。即使你沒那麼好也沒關係,你的存在本身就已經是莫大的幸運和美好了。

人生是一場屬於每個人獨一無二的體驗遊戲。如果說年輕時的一蹴而成是機遇、幸運,那大器晚成就是一種更大的智慧與能力。只要掌握好屬於自己的人生節奏,就會獲得更加有意義的人生。

我們借由看見世界、感受生活,而瞭解自己,走進自己,找到自己,成為自己。

總有一天,你會靜下心來,像個局外人一樣回憶自己的故事,然後笑著搖搖頭,感歎浮生不過夢一場。這個世界沒有不帶傷的人,無論什麼時候,你都要相信,真正可以治癒你的,只有自己。

不去抱怨,不怕孤單,努力沉澱。世間皆苦,唯有自渡。

人生很多痛苦其實都是自找的,能夠打敗我們的不是經歷,也不是情緒,而是無法控制的想像力,和對一切已經發生的事情的遺憾、後悔,以及對未知的焦慮、糾結。擺脫這種情況的最好方法就是,讓一切順其自然地發生,做好今天應該做的就夠了。

我們拼搏一生,帶不走一磚一瓦;我們執著一世,帶不走 一

絲愛恨情仇。人生苦短,時光匆匆,去愛想愛的人,吃想吃的飯,看想看的風景,做想做的事,過想過的生活。

人生本來就是做減法的過程,來日並不方長,當你嘗盡了人間之味,回眸之時,便能發現,人生就是如此,得失成敗、愛恨情仇,來來去去終究只是一場體驗。帶不走,留不下,也無法複刻。

時間撲面而來,我們經歷的痛苦都將釋懷,我們憧憬的幸福也只是片刻。過去亦不可追,未來還未可得,唯有過好今天就夠了。

在千萬個選擇裡,勇敢選擇去做那些你認為值得的事,雖然結果可能不盡如人意,但只要你為之努力過、體驗過,就已經是當下最好的選擇。

願你:在這僅有的一場人生裡,去找到自己、做自己、愛自己,去做你喜歡的人,去愛你喜歡的人,只要你堅定選擇,不遺憾和後悔,在專屬於你的人生場裡,你就是最棒的主角。

如果覺得生活不易、前路艱難, 就不要過分關注外界的聲音,用心做好今天的每件事,然後接受和允許所有事的發生。

保持與世界和而不同的幸福感。別遺憾過去,也別焦慮未來。

做好今天該做的就夠了,你的今天一定會比昨天更豐富,比明天更有愛。

CHAPTER 01

今天很好,我喜歡今天

餘生短暫且漫長，今天我們好好過

我們生活在功利的世界裡，身邊每天都充斥著不同的聲音、不同的價值觀、不同的評價、不同的爭議和質疑，甚至還有謾罵、詆毀，尤其當你準備開始做一件事情，啟動一個計畫時，你身邊一定會有或支持，或反對的聲音。

這些聲音很大程度上會影響到事情的結果，無論是選擇堅持還是放棄、繼續還是停下，無論做什麼樣的決定，其實都是一種經歷和一段體驗。

無論如何選擇，由衷地希望，在漫漫人生路上，不要太執著於在芸芸眾生中求同。大千世界，不同才是常態。所以，我們大可不必去要求自己跟別人一樣過相同的人生，體驗類似的生活。

現實中，大多數人都過著按部就班的生活。9 年義務教育，高中 3 年，大學 4 年，畢業後找個不錯的工作，然後買房，結婚，10 年之後，人生就會安穩下來，再過 15 年、20 年，人生軌跡就會定型，直到過完這一生。

這種感覺，就像是把人生簡單而粗暴地劃分成了無數個刻度，似乎只要聽從和照做，就能過好這一生。

可另一方面，它也裹挾著我們，讓我們不敢晚走一步或者走錯一步。否則，我們就會聽到這樣的話：

「企業上班靠譜，創業的人都傻。」

「35 歲之前人生什麼樣，這輩子估計就這樣了。」

「30 歲之前一定要結婚，要不然就嫁不出去了。」

……

在人生這條路上，很多人好像被圈死在一個個方格裡，不敢有太多期待，也不敢走得太遠，更沒有餘地往後退。

也許正因為這樣，我們才會在午夜時叩問自己的內心：難道這一生，只能有這一種活法嗎？

以上那些固定的生活軌跡，若你接受得坦然、欣喜，也大可不必糾結、掙紮，因為每個人都有自己要走的路。無論哪條路，都沒有是非對錯、好壞之分。

在我的生活裡，還有很多人的情況是這樣的：

有的人 21 歲畢業，到 27 歲才找到工作；有的人 25 歲才畢業，卻馬上就找到了工作。

有的人沒上過大學，卻在 18 歲就找到了自己熱愛的事業（比如我）。

有的人一畢業就找到好工作，賺很多錢，卻過得不開心。

有的人選擇在努力奔跑之後急流勇退停下來，去尋找自我。

有的人 16 歲就清楚地知道自己要什麼，但卻在 26 歲時改變了想法。

有的人有了孩子，卻還是單身；有的人結了婚，卻等了 10 年才生孩子。

有的人身處一段感情，卻愛著別人；有的人明明相愛，卻沒有在一起。

我想說的是，我們人生當中的每一件事情，做的每一個選擇，都取決於自己的內心。也許你身邊的一些朋友遙遙領先於你，有些朋友落後于你，請你不必驚慌，也不必自傲，因為凡事都有自己的節奏。他們有他們的節奏，你有你自己的節奏，別急於尋找人生的答案，耐心地等一朵花開。有時候，我們存在本身就是人生全部的意義與價值。

無論快慢，一切都是最好的安排。就好像，14歲從鄉下到城市做工的王寶強；20世紀90年代被人說是大騙子的馬雲；1974年被大家笑話的洗車工周潤發；在校籃球隊落選，被體育老師看不起的喬丹；被拒絕1000多次才當上演員的史泰龍；被拒絕了12次之後的J.K.羅琳……

　　我們常常感歎世界運轉得太快，快到我們還來不及反應，就已經被其他人拋到了身後。而我們又太過渴望成功，難免會被其他人影響。我們習慣了比較，習慣用自己的短處對比別人的長處，習慣了仰望別人，卻不曾低下頭看看自己所在的地方。

　　我們終究會發現，自己永遠無法贏過所有人，比較再多，只會徒增煩惱。總有人會勝過你，也總有人會遜色於你。

　　所以，25歲拿到文憑，依然值得驕傲。只要過得快樂、幸福，即使30歲沒有結婚也沒關係，40歲不買房也沒什麼丟臉的。

　　人生就像是一個錶盤，每個人都有自己的人生時區和出場順序。只要在對的時間遇到對的人，那些難過、失落和沮喪，得到和失去，都是過眼雲煙。

　　人生沒有白走的路，可能我們這一秒距離實現夢想還很遙遠，下一秒就會迎來春暖花開。因為你現在走的每一步，都比前一步更接近終點。我們無法預知屬於自己的時刻何時到來，但因

為知道它終會到來，所以每一天都活得充滿期待。

每個人都有屬於自己的時區，我們不用嫉妒那些走在你前面的人，也不要嘲笑那些走在你後面的人，因為每個人在自己的時區按自己的節奏前行。

人生從來沒有真正完美的樣子，只有你自己走過的路。

別怕孤單一人，屬於你的終將到來；別怕平凡普通，平淡生活已然是成功；別怕前方道阻且長，餘生的路，你只管慢慢來。

愛因斯坦曾經說：「並不是每一件算得出來的事，都有意義；也不是每一件有意義的事，都能夠被算出來。」

我們每個人都有屬於自己的節奏，別讓任何人打亂你人生的節奏，你就能擁有把控人生的能力和掌控生活的勇氣。更不要著急，因為最好的總會在最不經意的時候來到。

來日並不方長，當你嘗盡了人間之苦，回眸之時，便會發現人生不過如此。得失成敗，愛恨情仇，終究是過眼雲煙。過去之事不可追，未來之事還未發生，唯有過好今天就夠了。

放過自己，才是真正接納自我

我們所經歷和體驗的一切，都是為了讓自己擁有更加穩定的內核。這個內核包括關係當中的愛與被愛，工作上的專注與專業，生活裡的鬆弛和快樂，以及對於內在的篤定與解析。

這三年，有人迷茫無助，有人糾結困擾，也有人快速成長，還有人病入膏肓⋯⋯

因為工作的原因，我遇見了很多人，聽過了很多故事，也經歷過無數感動的瞬間，讀懂了一些人。很多人都說被我的文字和聲音治癒過，但與其說我在用文字和聲音治癒別人，不如說我一直在被大家治癒，進而再去治癒更多的人。

生活中，我們經常會陷入負面情緒中，以至於沒有辦法去體

會多數人覺得很快樂的事情。所以我們要更多地去理解自己的情緒，然後接受它，跟它相處。

在這個無數人偽裝強大的時代，只有極少數人會坦然承認自己的弱小，承認自己是個病人。我們太需要外界的認可，所以必須要求自己偽裝強大，營造出幸福的家庭、美好的愛情、成功的事業，好像比其他人過得好才是人生贏家，好像承認自己其實沒有那麼好、沒有那麼光鮮亮麗是一件可恥和不被允許的事情。

而現實是，我們的生活中沒有那麼多一蹴而就的事情，那些我們以為的平步青雲、一帆風順、光鮮亮麗的人，更多是他們涅槃重生後的光亮面。

這三年，有些人找我聊天，會第一時間告訴我：「曦文，我病了，我抑鬱了。」

我無比理解，其實我們每個人都或多或少有些心理疾病，情緒問題更是常見，但可以真正認識和承認這一點的人卻不多。生活本來就不會一帆風順，撕開生活本來的面目後，會發現每個人的內心深處，都是千瘡百孔。

電視劇《安家》中，房似錦說：「每條光鮮的裙子背後，都有一個不經意被鉤破的洞。」

成年人的生活，每個人都在負重前行。

成年人的崩潰不是突然爆發的,而是日積月累的必然結果。

　　一次在別人看來微不足道的挫折,也許就是壓垮我們心理防線的最後一根稻草。

　　成年人的崩潰,都是默不作聲的,看起來很正常,會說笑,會打鬧,會社交。

　　就像電影《海邊的曼徹斯特》裡有一句話:「有時關不上冰箱的門,腳趾撞到了桌腳,臨出門找不到想要的東西,突然忍不住掉淚。你覺得小題大做,只有我自己知道為什麼。」

　　有些難過,在旁人看來無關痛癢,只有自己知道有多心酸。

　　在知乎上看過一句話:「挫折會來,也會過去,熱淚會流下,也會收起。沒有什麼可以讓我氣餒的,因為,我有著長長的一生。」

　　我們要坦然地面對負面情緒,學會自我調節。因為擦乾眼淚後,我們仍要繼續前行。

　　有時候,承認自己弱小、無助是為了明天能夠更好地前行,承認病了,是為了細胞更新之後的重生。

　　法國小說家莫泊桑說:「人的脆弱和堅強都超乎自己的想像。」

　　是啊,生活就是苦樂參半,痛並快樂著。想要過好生活,就

必須要有直面困苦的勇氣、從容處之的心態、生命的本真和善意。

我們自己就是發光體，被別人的光芒照亮的同時，也照亮著其他人。

不知道，現在的你是不是處於一個離晉升、漲薪遙遙無期的時期。站在理想和現實的分岔路口，左顧右盼，不知道往哪走。

如果你現在感覺迷茫、不知所措，我想告訴你：恭喜你，有迷茫真好。

因為現在的你，已經在人生的谷底了，就像皮球被拍落到地面一般，接著迎來的只有反彈的可能。所以，當你感到迷茫的時候，請一定要好好珍惜這份迷茫，並且擦亮眼睛鎮定心態對自己說：我已經在谷底了，往哪都是向上。

那我們如何做才可以反彈呢？

首先我們要放下心態的包袱。

當我們不再盲目地羨慕別人，不再活在他人的陰影下，專注提升自己，我們會發現，日子沒有那麼難熬，自己的故事也別樣精彩。

其次我們要保持謙卑，不斷學習。

即使我們手中擁有一副好牌，也得跳出圈層，突破以往的認知，去識別我們之前感知不到的機會。這樣到了適當的時機，可

以讓身在谷底的我們，擁有更多重新出發的可能。

人生如戲，戲如人生，有淚也有驚喜。即使跌得頭破血流，也會有突如其來的驚喜。

在所謂的「人世間」摸爬滾打至今，我一直視為座右銘的一句話是——**一切都會過去的**。對每個人來說，理想滾燙，青春如火，人生值得，**無論我們遇見什麼，都只是我們人生歷程中的一部分，都會過去。**

莫泊桑在小說《人生》中寫道：「生活永遠不可能像你想像得那麼好，但也不會像你想像得那麼糟。無論是好的還是糟的時候，都需要堅強。」不管深夜經歷了怎樣的崩潰，一覺醒來，我們又是一個嶄新的自己。

世界很喧囂，我們都只想做自己。近幾年，很多人都在做心理重建，開始變得越來越圓融和隨性。

我們不會再透支時間和生命去強迫自己接受不喜歡的事物。**追求適合，而不盲目追求高級**。絕不花錢去附和趨同的東西，大家都追趕的，我們反而沒興趣，幾百塊錢的衣服穿在身上，自信也不會掉隊。我們在經歷和體驗世情過後，越來越瞭解和認識自己，內核更穩定了。

今年老友相聚，把酒言歡時，我總會說我在「備孕」，於是

很多朋友都問我男朋友在哪裡,我回答:「不一定要有男朋友才開始備孕。」之後又被問是不是不婚主義。

我不是不婚主義,甚至期待婚姻生活,仍然相信愛情,但「相信」和「我是否必須要有」是兩件事,當一個「純愛」戰士,看看別人戳心窩的瞬間也很快樂。

走到現在而立的我們,比起談戀愛,或許更想先踏踏實實地搞錢,實現屬於自己的價值,不只是為了找到一個可以漂洋過海來看自己的人。

相比以前,我們更加關注自己的情緒,比起生活的一地雞毛,情緒的七零八碎更容易讓我們患得患失,寧可很多次在深夜「emo」,失眠到淩晨,告訴全世界我不快樂,也不想假裝沒事,積鬱成疾。

越是在黑暗中,我們越是要擇善而行,更不要忽略我們生命中那些微小的善意和溫暖。積小善成大贏,你的善良裡,藏著你的福氣。做人,心存善念者,必會好運連連,鴻福相伴,這個世界也會因著善意而變得越來越美好。

世界那麼大，你要去看看

無論人生上到哪一層臺階，階下都有人在仰望你，階上亦有人在俯視你。**抬頭自卑，低頭自得，唯有平視，才能看見真正的自己。**

作為女孩，千萬不要精神貧瘠，執著於被愛，過於渴望被認可。當你看過世界之後，很多時候就不會再有過多的糾結和執念了。

女孩強大的標誌是什麼？

有脾氣，但不亂發脾氣；有情緒，但不情緒化；有主見，但很少反駁別人的話；會管理時間，但不浪費在無效社交上；會妥協，不露不必要的鋒芒；會掙錢，會花錢，會扔東西；有興趣愛好，

也有專業能力；不拖延，不迷戀，不抱怨；懂得一見鍾情是愛情，來日方長也是愛情。

女孩們，我們要盡可能去看更大的世界，這樣會對我們的人生軌跡產生很多有益的影響。只有將認知擴大，我們才不會被狹隘的生活圈子所拖累，不會陷入「我養你」的泥潭。

多去一些地方，瞭解那裡的風土人情，看看世界各地的人們是怎樣生活的，你會發現你平時憂心的事兒，實在太不值得一提了。

如果你每天渾噩地活著，活在瑣碎的庸常裡，今天擔心另一半有沒有撩撥別的異性，明天爭論另一半是不是不在乎你。盲目地在自己的小天地裡打轉，越來越易燃易爆、歇斯底里。

但當你見過世界，學習了更多的知識，擴充了認知之後，你會在充實中發現：從前覺得非常在意、重要的人和事，不過如此。

女性一生要經歷的三種狀態：

1. **小女孩階段**：經常指責自己，胸無大志，情緒易波動，不知道自己未來在哪裡。
2. **不成熟的狀態**：有目標，但追求感覺。感覺好就做，不好就不做。很多事情在心裡想不通，想通了再去做。
3. **成熟的人生**：成熟跟年齡無關，跟思想、表達、志向有關

係。成熟的人不以自我為中心,而是以目標為中心,不會在低谷中沉淪太久,永遠積極、樂觀、坦蕩。

人生這麼遼闊,別為眼前的迷障所困。有時間多看看世界,有精力多體驗生活,有心力多用力折騰……

努力，是為了可以選擇

選擇用自己喜歡的方式過一生，成為自己喜歡的樣子，這是一種態度和能力，更是一種幸運，你不必活成所有人喜歡和期待的樣子。

我們每個人的人生都不盡相同，不同的生活環境、家庭教育、世界觀、感情觀等，讓我們對待事物的看法和理解也不盡相同。

生活不是因為五彩繽紛而顯得燦爛奪目，而是因為你喜歡而變得多姿多彩。生活不是一路風平浪靜，順風順水，而是困境和逆境讓生活顯得更完整和美好。

很多人都有過這樣的感覺，明明自己很努力、很認真地去對待一件事情或一個人，最終卻得不到相應的回應，好像沒有人能

看到你的努力和付出,身邊都是不理解、不接受,甚至是質疑、謾罵的聲音。

天知道,你付出了多少努力和用心。

天知道,有多少個夜深人靜的時刻,你獨自一個人哭泣。

經歷賦予你的糾結、難過、彷徨、無助,讓你無數次想要放棄。可是擦乾眼淚後,你還是重新揚帆起航。

如此驕傲、獨立又讓人心疼的你,在陌生的城市,在陌生的語言和天氣裡,一個人生病,一個人忍下所有委屈。在夜深人靜的時候,你總會在心底反覆問自己:「現在過的生活是不是我想要的?」

有人說:「人生的苦與樂是成正比的,不會苦一輩子,但總要苦一陣子。」我們生活在自己的小圈子裡時,總會覺得自己很不容易。但如果我們有機會看到更多人的生活,就會發現,在這個多元的世界裡,我們只是芸芸眾生中的一個。

人生永遠不變的,就是每天都在改變。

我們都渴望擁有一個更加成功、美好、完整的人生,但是什麼是成功、美好、完整呢?

林清玄說:「今天比昨天更慈悲、更智慧、更懂愛與包容,就是一種成功,如果每天都成功,連在一起就是一個成功的人生。

不管你是從哪裡來,要去哪裡,人生不過就是這樣追求成為一個更好的、更具有精神和靈氣的自己。」

自由,不是你想幹什麼就幹什麼,而是你不想幹什麼就不幹什麼。同時也為了隨時能夠擁有選擇的權利和能力,朝著自己的目標踏踏實實地去努力。一步一步地向前,只有這樣,你想要的,歲月才會給你。

願我們所有的人都可以早日過上自己想要的生活,成為自己喜歡的模樣,過自己想要的生活,選擇自己所喜歡的一切,喜歡自己所選擇的一切。

努力奔跑,努力想要得到

　　青春如晨光般肆意絢爛,又如晨夕般曇花一現、轉瞬即逝。無論境遇如何,生活是命運為我們精心準備的一場旅行,註定精彩絕倫。努力為自己的夢想奔跑的我們,格外美麗。

　　我跟曉妮的緣分,源於我們擁有同一個閨密。大概是她從事教育行業多年,而後深耕美業,身上有著比我更淡然、冷靜的氣質,這一點非常吸引我。而且,我很認同她從事美業的信念——要改變美業從業者的行業地位和影響力。一路走來,她一直在為此奮鬥著。

　　跟曉妮初見的情景,我現在依然記憶猶新。那天,我跟閨密一起去了她的公司,看著妝容精緻、氣質幹練的她,不禁心生羨

慕。而後，曉妮的父母的到來，讓她一瞬間變成了溫柔如水的小女子。她那明亮動人的雙眸下，藏著大大的夢想和魅力，潔白的皮膚下有善良乾淨的靈魂，素色的服裝下有一顆熱情似火的心。

今年再見曉妮，雖然距上一次見面已經過了 5 年之久，但我們依然可以熟絡地聊著生活和工作。這些年，我們雖然不是無話不談，但卻惺惺相惜。

青春最好的樣子，就是努力追逐夢想的樣子。而曉妮努力奔跑的樣子是我見過最漂亮、最優雅的：美好，走路帶著風，迎著晨光，踩著風火輪，踏著曲折小道，一路風雨無阻地奔跑。這樣的姑娘，實在有太多太多讓人欣賞和敬佩的地方。

但你千萬不要以為，這樣毫不費力的青春唾手可得。曉妮為夢想努力奔跑的過程中，吃過的苦，流過的淚，受過的委屈，熬過的夜，承受的心酸苦楚，恐怕只有她自己才知道。

我們生活中常遇到這種情況：

工作幾年還是月光族，雖然知道自己的能力配不上野心，但還是給自己盲目地定下一堆完成不了的目標；

有了家庭、孩子，每個月只能苦等著微薄的工資，不敢生病，不敢辭職。雖然知道應該提升自己，找別的出路，可就是下不了

改變的決心；

步入社會幾年了，只長年紀不長見識，沒有一項拿得出手的技能，雖然報了一堆課程，卻總是半途而廢⋯⋯

是不是很扎心？

很多人明明心態積極，渴望進步和改變，可最後卻仍選擇繼續做一條鹹魚。

也許有人會覺得：我現在這樣挺好的，吃得飽穿得暖，無所謂是否有夢想和上進心。暫不評價這樣的想法是否過於天真。很多時候，我們努力追逐夢想，拼命保持上進心，不只是為了讓生活越過越好，還為了能夠逃離現狀的不滿。

曉妮在學校期間就是學霸，一直保持著上進心和行動力。大學時，她不僅努力學習功課，還利用其他時間進行創業，用自己的努力證明瞭年輕人不僅可以不拼爹，還能打造一個屬於自己的王國，活成自己的女王。

有朋友問她：「你已經很優秀了，還那麼拼幹什麼？」

她卻雲淡風輕地答道：「生活是逆水行舟，不進則退，我只是不想被時代拋棄罷了。」

這就是「紅桃皇后定律」──你必須拼命奔跑，才能保持留在原地；如果你想前進，必須以兩倍的速度向前奔跑。

作家毛姆說：「我用盡了全力，過著平凡的一生。」

無論是想要生活變得更好，還是只想維持現狀，都不應該放棄提升自己。因為生活就像戰場，雖然殘酷，但你努力的姿勢一定會被記住。

沒有哪種成功，是一蹴而就的。

想讓自己增值，就必須早做準備。今天你偷一點懶，明天等著你的就只有「來不及」。

最可怕的不是沒有上進心，而是一邊想著要上進，一邊荒廢時間，最終只能恨自己不爭氣。

努力就是一劑中藥，雖然苦但是治病；安逸就像蜜餞，雖然甜但是卻致命。

很多時候，**你不去努力一把，根本不知道自己的上限在哪裡**。

與其每天渾渾噩噩地度日，不如逼自己一把，去開拓人生的可能性。與其在最好的年紀選擇安逸，不如審時度勢，努力讓自己增值。

很多人只能看到成功者光鮮的表面，卻從不探究他們為此付出過的努力。

都說人前顯貴必定人後受罪，這句話對曉妮同樣適用。**這個世界上，從來就沒有感同身受，有的只是如人飲水、冷暖自知的**

生活體驗。

努力奔跑，努力想要得到，努力要贏，不是為了賺多少錢，不是為了擁有好看的奢侈品，不是為了住多好的房子，而是為了完成對自己的承諾和對生活的熱愛。

比起得到認可，更想自在生活

　　生活每一天都在不停地變化和更替著，我們在變化和更替中成長、感悟人生。無論經歷了什麼，每一步都不會白走，它們終將會成為我們的勳章和最美的回憶。過好每一個今天，就是最好的成長。

　　成長，好像就意味著改變，這個世界永恆不變的就是萬物都在改變，變化才是生活的常態。

　　獨自在異鄉奮鬥的人，一定都有過不斷搬家的經歷。最近兩年，因為工作關係，我經常搬家，在北京的 7 年裡，我搬過 12 次家。

　　或許是因為內心的那份不安全感，我對家有著極重的依賴和

迷戀，即使工作再忙再累，我也會把家收拾得溫馨、舒適。有朋友問我：「為什麼這麼折騰？」我笑著回答：「因為在外本就孤獨的人，只能自己給自己找些樂趣和溫暖。」

你有沒有那種，在淩晨兩點收到遠在千里之外父母的短信問候的時刻？多少人即使強大到無法被外界損傷分毫，但在父母和家人眼裡，他們依舊是個需要被疼愛和照顧的孩子。我經常會在深夜想起在千里之外的父母，然後強烈地感受到父母無私而深沉的愛。

我們的成長裡，一定少不了對父母的那份深情和愧疚。也一定有很多人跟我一樣，對於父母，除了感恩和感謝，更多的是愧疚。

在外努力打拼的人，跟父母相處的時間少之又少，每次久離之後歸家，父母家人也總是像我們對他們那樣，報喜不報憂。

父母的愛，是支撐遊子一直努力向上的原因和動力。有父母的愛，才足以保護和陪伴我們成長和強大。

這些年，由於工作的原因，我長期奔波於不同的城市。無論是否常住，在每一個城市都不會久留，以至於身邊的朋友都以為我是一個對家沒有概念的人。仔細回看這幾年的時光，從家鄉到北京，而後到孔孟之鄉，再回到北京，又輾轉至杭州，如今又回

到北京。這兩年的經歷，讓我早已練就一種無論處於何種境地，都擁有可以隨時準備重新開始的能力。

有朋友問我：「難道你不害怕那種每換一次城市生活的陌生感嗎？尤其是還要再去熟悉所在城市的飲食、語言、文化，甚至天氣。」

在我看來，我不是不需要適應陌生的語言和生活圈，而是早在之前的經歷中學會了適應新環境。也並非不害怕陌生城市和環境帶來的不安感，而是從很久以前我就學會了如何跟自己相處，沒有誰可以一直陪伴我，也沒有什麼可以永恆不變。能夠適應的儘量適應，不能適應的也不必迎合。

和很多人一樣，我在前進的路途中也曾有過迷茫和無助，但因為我十分清楚自己要什麼，所以在短暫停留之後，依然會帶著敬畏堅定地向前走。

我們都是各自人生大戲的主角，不管跌宕起伏，還是平淡無奇，都要在人生的舞臺上唱完這齣戲。腳下的路還在繼續，前方有太多的擔當等著我們。成長或許就是：我們懂得無論如何，生活都在向前，也有必須要承擔的責任和勇氣。

成長是一首歌，旋律有高有低，歌詞有悲有喜，只有經歷過風雨，才能成就那最動聽的樂章。在人生這部書裡，我們每個人

都在書寫著各自不同的經歷,書寫著生命中的苦、樂、悲、喜。

為了夢想,我們都必須苦苦地去構思;為了完美,就要字斟句酌地去修飾。就這樣,在匆忙之中,我們來不及流連路上的醉人風景,來不及欣賞路上的花香鳥語,來不及體驗一路上的柔情蜜意。

餘下的人生如何度過,這是每個人都要面臨的人生課題。有人說,後半生要發揮餘熱;有人說,後半生要老驥伏櫪。而我要說,要放慢腳步,活好自己!這才是之後人生的唯一主題。就如作家三毛所說:「我來不及認真地年輕,只能選擇認真地老去。」活好自己,就要力求一個「精」字。

人活一世,草木一秋。在這短暫的行程中,有的人活得很累,有的人活得很灑脫。累,是因為本該自由的心,被套上了枷鎖;本該簡單的事,附加的條件太多。

活好自己,更要力求一個「準」字。

選擇好自己要走的路,走出自己的特色,走出自己的風采,走出自己的魅力。就像世界上沒有一模一樣的兩片葉子,人生的道路也是各具特色。

活好自己,要力求一個「簡」字。

很多人的煩惱都源自期望值太高,得到的卻很少。我們要適

應平淡的日子,習慣於圍著柴米油鹽轉,滿足於「三點一線」簡單的生活方式,不要有太高的期望。人的修行就是刪繁就簡,把不切合實際的幻想統統刪除,節省時間和空間,騰出心情和精力,愛自己應該愛的人,做自己喜歡做的事。

　　活好自己,要力求一個「穩」字。

　　餘下的人生,我們要盡可能放緩腳步,走走停停。沿途遇到好的風景,那就停下來欣賞一番;遇到知心的朋友,那就「把酒話桑麻」。在這段人生中,我們不是趕路,而是旅行。旅行不必在乎目的地,在乎的是沿途的風景,以及看風景的心情。所以,我們要帶上靈魂去旅行。

　　餘生,願我們都能放慢腳步,做好自己,用心過好今天。

認真地年輕，認真地老去

知乎上有這樣的提問：「工資不高，你為什麼堅持在大城市漂著？」

有一個高讚回答是這樣的：

「蜷縮在小地方，最讓人絕望的一點是，你看不到未來的可能性。一旦進入特定軌道，一切就已註定，基本上只能按照設定的道路走向人生終點。所以那麼多人寧可忍受艱苦也要來到北京，僅僅因為四個詞：希望和夢想，自由與激情。」

夢想，是我們無論什麼年紀、什麼身份、什麼種族，都可以擁有的最珍貴的東西。而無論身在大城市，還是小城鄉，夢想與你的距離，從來都不會因此而改變。

有人說:「大城市容不下肉身,大城市之外放不下靈魂。」

有人身處大城市,拿著百萬年薪,住著高檔社區,開著百萬豪車,需要長時間高強度的工作,全年無休,神經系統長時間處於高壓狀態,每一步都走得如履薄冰。

同樣在大城市,有人拿著兩三萬的月薪,住在雜亂的小巷中,每天淩晨五點起床,單程通勤兩三個小時才能到公司,可能努力工作一輩子,也不能在城市中買得起房子,但因為在這個城市可以隨意做自己而選擇留下來。因為有所期待,而甘之如飴。無論因為什麼樣的原因、處境而留在大城市奮鬥的人們,各自都擁有心中那一份對夢想的堅持和守護。

這一路走來,見證和陪伴過很多同在大城市打拼和奮鬥的追夢人。很多人說,只有在一線城市,你談夢想,擁有不同的生活態度和人生觀,才不會被當成異類。因為這裡接受和容納了千萬人的夢想,也包容著每一種生活的欲望以及不同的人生觀。

2015年,我的一個朋友可欣,在北京打拼10年後,因為承受不了現實的壓力,毅然選擇回歸家鄉。

可欣剛畢業時,對未來特別有信心,她覺得有志者事竟成,一定能在北京活出自己的精彩。10年後,她卻發現,即使每天加班加點,收入還是追不上房價。她意識到,就算再過10年,也

不可能在北京安家置業。於是，回老家成了她當時的最優選擇。

最後，可欣拖著行李一步三回頭地走了。

現在的她，時常對我抱怨：「老家的同事、朋友們，每天跟我聊的是哪家超市大白菜便宜，哪家飯館正在打特價，誰家的孩子學習成績好，誰家的婆婆不講理……生活裡只有雞毛蒜皮。真羨慕在北京的那些日子，有志氣、有理想、有希望，永遠是向上的姿態。真的有點後悔離開北京了。」

後悔歸後悔，可欣知道，雖然北京這座城市可以滋養她的靈魂，但小城市卻更適合她安身立命。

有人也許會說，這種服輸的人一般不會有大出息。但是，我們得承認，妥協有時也是一種智慧。對於可欣而言，在北京拼搏的那些日子變成了美好的回憶。現在的她，已經沒有重走那段人生路的勇氣了。

很多在大城市努力的外地人，常常會陷入一種尷尬的境地：逃離不甘心，留下很鬧心。於是有了：「大城市容不下肉身，小鄉村放不下靈魂。」

究竟哪一種選擇更好，仁者見仁，智者見智。我們來到人間這一遭，在芸芸眾生裡，我們能夠懷揣著希望，體驗著這僅有一次的人生，也是一種英雄主義。

我也是一個獨自來到北京打拼的姑娘。我從小在家人的寵愛和照顧下度過了無憂無慮的童年，覺得一切美好都理所當然。之後到了離家不遠的城市讀書、工作，那時的自己好像天不怕，地不怕。後來從體制內辭職創業到現在，我一直很隨心隨性。

　　記得我剛到北京的時候，熱鬧的日子突然變得安靜，很多原本擁有的東西成了夜裡深深的思念。記得決定留在北京工作的那天，給爸媽打電話，通電話的時候我一滴眼淚都沒掉，可那天夜裡，我在出租屋裡望著天花板，哭得稀裡嘩啦。我的內心感受到了從未有的迷茫和惶恐，不知道未來是什麼模樣，不知道在那麼大的一座北京城裡，小小的我何時才能找到歸屬。

　　在北京的日子，或許沒有像之前在小地方那樣輕鬆，甚至在外人看來或許很辛苦，全國各地到處出差，凌晨一個人拖著行李箱回家，在辦公室睡覺的時間一度比在家還要多。但在北京的日子，讓我更加堅定自己要成為什麼樣的人，也更加喜歡現在的自己。

　　經常有人問：「你後悔過一個人來到北京嗎？為什麼選擇在離家遠又沒有任何人脈資源的北京創業？」

　　當初為什麼來到北京？其實我個人沒有那麼多深刻的理由，只是那個階段的我，想要逃離自己的舒適區，而北京剛好在我的

舒適區以外。來到北京之後,我才真正瞭解,無數人選擇留在北上廣,很大程度是因為這些城市真的很自由、寬容。

更重要的是,在這裡你可以自由決定自己的生活方式,不管結婚與否,從事什麼行業,都可以被接納。

無論生活在哪裡,只要肯付出行動並為之努力,未來都會越來越好。

人生最糟糕的不是貧困,不是厄運,而是不知道想要什麼,不知道如何選擇。

無論做出什麼樣的選擇,都值得理解和尊重,人生的價值和意義對於每個人本就不同,隨心意不後悔就好。

在自己選擇的跑道衝刺吧,即使很漫長,即使有阻礙,即使會跌倒。但是,堅定的信念會一直陪伴著我歡笑地、努力地、飛快地奔跑。即使非常辛苦,只要有堅持下去的勇氣,再大的山、再闊的海都可以跨越。努力地奔跑,天空的那一邊就不再遙遠。

CHAPTER 02

原諒那個笨拙的自己

偶爾快樂，偶爾沮喪，同為燦爛人生

　　在這個快節奏的社會，我們常常被要求保持快樂，似乎任何負面情緒都是不被允許的。其實，我們不必假裝快樂，因為我們每個人都擁有哭泣的權利。淚水是情感的表達，也是心靈的釋放，它可以讓我們更真實地面對自己。

　　2023 年 7 月，全網都被歌手李玟去世的消息霸屏，網路上有很多聲音，明明她看上去那麼快樂，那麼成功，那麼熱愛舞臺和生活，為什麼會突然離開這個有那麼多粉絲和好多人愛著她的世界？

　　這個世界最大的善意，莫過於未曾受過輕視的評價和斥責。因為我們都無法瞭解，那些看似快樂、生活幸福、衣食無憂、生活在光明裡的人，一旦內心有了缺口，甚至比從未看見過希望的

人更加絕望。

因為李玟的事情，很多人開始關注陽光型抑鬱症的群體，也警醒我們開始關注身邊那些明明看上去很快樂的人，或許他們並不快樂，他們也需要被溫暖，也需要情緒宣洩的出口。

對於李玟的選擇，我其實沒有太多的驚訝，這大概與我這些年的親身經歷有關。我明白人生的無常，越被愛，站得越高，擁有越多，內心越痛苦、無助和煎熬。

佳欣在離開這個世界時，她最後在給我們的遺言裡寫道：「我生來無依無靠，為爭一口氣，掙扎半生，愛過，也恨過，酸甜苦辣各種滋味悉數嘗過，沒有遺憾不曾後悔，從此以後愛恨隨風。最後我想安靜地走，歸於大海是我最後的歸屬。」

對於她的請求我一點兒都不意外，對於如此渴望自由和解脫的她來說，歸於大海是最好的歸宿。我在佳欣走後，也簽署了器官捐獻贈書，即使有一天我從物理維度離開了這個世界，生物維度的我，依然存在。

我身邊幾乎所有的公眾人物朋友或者從事相關工作的人，或多或少都有情緒方面的問題。所以，你別覺得不好意思，難過、糾結、不安、懷疑、恐懼，都只是一種正常而又自然的情緒而已，要允許並接納它。

大多數人都認為，快樂是生活的唯一目標，但我們忽略了情感的多樣性。生活中充滿了起伏和挑戰，在這些過程中，我們被悲傷、憤怒、焦慮等情緒裹挾著。但這些情緒並不是我們的弱點，而是我們內心的力量。當我們不再抑制這些情感，而是勇敢地面對它們時，我們才能真正成長和變得更強大。

哭泣是我們情感的一種表達方式。當我們感到悲傷時，淚水會流淌下來，它是我們內心深處的詩篇，是我們情感的真實寫照。哭泣並不意味著我們軟弱或無助，相反，它是我們堅韌和勇氣的象徵。當我們勇敢地面對自己的情感時，我們才能真正理解自己，並找到解決問題的方法。

然而，社會常常對情感表達持有偏見。我們被告知要堅強，不要流淚，因為這被視為軟弱的象徵。但這種觀念是錯誤的，它使我們無法真實地面對自己。**我們應該鼓勵彼此釋放情感，讓內心的負面情緒得到宣洩。**

哭泣並不意味著我們放棄了追求快樂的權利。相反，它是我們尋求內心平衡的一種方式。當我們承認並接納自己的情感時，我們才能真正體驗到快樂的力量。快樂並不是簡單的表面情緒，而是一種內心的滿足和平靜。只有當我們真實地面對自己的情感時，我們才能找到真正的快樂。在這個追求快樂的世界中，我們

需要給自己一些喘息的空間。

不要害怕流淚，因為淚水是我們情感的一部分。無論是喜悅還是悲傷，我們都應該珍視情感的多樣性。不必假裝快樂，因為我們每個人都有權利哭泣，甚至破碎也是情理之中。事實上，無論是感情上的破碎，還是精神上的破碎，抑或是人生的支離破碎，都是每個人必須要經歷的人生過程。

這世上沒有一個人沒有破碎過，也正是因為有這樣的經歷，才讓人懂得什麼才是完整而有趣的人生，以及如何讓自己逐漸變得越來越獨立，變得完整和有趣。

「破碎」是每個人都會經歷的，也是最實實在在的東西，所以當你正在經歷破碎，無論是感情、精神還是人生，都不用焦慮和不安，反而應該慶倖，因為只有等自己真正經歷和看見了，觸摸到了，意識到了，才懂得了「破碎」的另一面，去完整，去完成。

當這些破碎的過程都經歷完成之後，人生將會有一個新的階段和新的樂趣。

讓我們坦然面對自己的情感，釋放內心的壓力，這樣我們才能更好地理解自己和他人，才能真正體驗到生活的美好。讓我們一起擁抱淚水，釋放情感的力量，勇敢地面對自己，成為真正完整的自己。

別被情緒包裹，去看看人間煙火

世界很大，人很多，但你必須學會一個人獨處。一個人吃飯，一個人睡覺，一個人生病，一個人去看晚場的電影，這才是生活的常態，只有這樣才可以讓你擁有獨自面對無常的勇氣和解決問題的能力。

對我來說，我習慣獨居，習慣一個人去做很多的事情，習慣儘量不麻煩別人，習慣一個人搬家，一個人看電影，一個人吃飯，一個人去醫院。雖然有時候不免會有孤獨、無助的感覺，但習慣之後，我開始享受一個人生活，開始獨自去尋找生活當中的樂趣。

生活中，我們時常面臨挫折、壓力和困惑。這些情緒會像暴風雨一樣席捲我們的內心，讓我們迷失方向。然而，只有當我們

真實地面對這些情緒,並接受它們的存在,我們才能夠逐漸掌握自己的內心。

誠實地面對情緒,意味著我們要勇敢地直面自己的內心世界,不再逃避或掩飾。這樣的勇氣將讓我們更加真實、坦誠地與自己相處,也能夠更好地與他人建立起真誠的關係。

在面對情緒時,我們需要學會傾聽自己的內心聲音。每個人都有自己獨特的感受和情緒,而這些情緒正是我們內心的一種表達。

當我們靜下心來,傾聽內心的聲音,我們將更好地理解自己的需求和欲望。這種自我傾聽的過程,不僅讓我們更加瞭解自己,也能夠幫助我們更好地調整自己的思維和行為,從而更好地面對生活的挑戰。

有時候,我們會把情緒深埋內心,不敢或不願意與他人分享。然而,情緒的積壓只會讓我們的內心更加沉重。因此,我們需要勇敢地表達自己的情感,與他人分享自己的困惑和喜悅。這樣的表達不僅能夠減輕內心的負擔,還能夠獲得他人的理解和支持,讓我們更加堅定地走向自己的目標。

面對情緒時,我們不能忽視積極的自我調節。生活中,我們會遇到許多令人沮喪和憤怒的事情,但我們可以選擇用積極的態

度去面對。積極的自我調節意味著我們要學會控制自己的情緒，不讓消極的情緒主導我們的生活。我們可以通過運動、音樂、閱讀等方式，來緩解壓力，調整情緒。這樣的積極調節將幫助我們更好地應對生活中的挑戰，保持內心的平衡和快樂。

在很長一段時間內，我遇事只會死扛，不會示弱，不懂如何去表達自己真實的情緒，甚至有時候，可以偽裝到連自己都以為是真的沒事，真的很好。

後來我才明白，面對那些恐懼、頹廢、沮喪、消沉情緒的時候，沒有必要將自己武裝得刀槍不入。它們是我們在成長過程中必須面對的，我們最正確的做法就是：接受。只有接受自己軟弱、負面的情緒，才是一個完整的人。

所以，當你發現生活中出現一些你不能改變的事情時，優雅一點，去面對、去接受。當你不能前進的時候，停下來，去思考、去解決。無論外界如何變幻，我們都有能力掌握自己的情緒和生活。誠實地面對情緒，學會傾聽內心的聲音，勇敢地表達自己的情感，以及積極地自我調節，這些都是我們成就自我的關鍵。

我非常認同梁啟超先生對自己的定位：「我是一個純粹的趣味主義者，如果這一世我們不能夠活得那麼成功，不能夠活得那麼有意義，不能活得無拘無束、自由的話，有一件事情，沒有人

能夠攔得住我們,至少,我們不要做一個無趣的人。活得有趣味是一個多麼幸福的事情,別忘記它,別丟掉它。」

願你我都能活得純粹,同時對這個可愛、有趣的世界保持表達欲。對自己誠實,開心時大笑,難過時大哭。

想要快樂，一定不能太關注別人

查理斯·狄更斯的《雙城記》裡寫：「這是一個最好的時代，也是一個最壞的時代；這是一個智慧的年代，這是一個愚蠢的年代；這是一個信任的時期，這是一個懷疑的時期。

這是一個光明的季節，這是一個黑暗的季節；這是希望之春，這是失望之冬；人們面前應有盡有，人們面前一無所有；人們正踏上天堂之路，人們正走向地獄之門。」

隨著互聯網的發展，我們的生活充滿了忙碌和雜亂，非常容易被外界的目光束縛，被手機綁架，最後丟失原本的專注和自我。

你有沒有經常說或者聽到：「我不喜歡誰誰誰，你喜歡誰誰誰嗎？」「不喜歡這個東西，不喜歡這件事情。」喜歡和不喜歡，

好像已經成了我們衡量一個人的標準。

兒時，因為喜歡而選擇玩伴。少年時，因為喜歡而選擇專業。成年後，因為喜歡而選擇事業和愛情。選擇跟合得來的人接觸、做朋友，合作夥伴、客戶、朋友，都要自己喜歡。

但我們的生活是自己喜歡的嗎？我們做著喜歡的工作嗎？所交往的朋友真的讓我們舒服嗎？所娶、所嫁的另一半是真愛嗎？

經常被人問：「我要怎麼樣才能讓更多人喜歡我？」「我要怎麼樣才可以得到更多人認可？」「我要怎麼做才可以更討喜？」

對於這樣的問題，我通常這樣回答：「你覺得自己跟金錢比誰更有優勢？連錢都有人不喜歡，視金錢為糞土、為身外之物，何況你是人。全世界有那麼多人，要是人人都喜歡和認可你，你得多麼'普通'。」

我們一生會遇到無數人，人人都喜歡你，那是不可能的。我一直覺得，**活得自如，不妥協，不虛榮，做好自己，不給別人帶來煩惱，就已經很好了。**

關於討喜這個話題，我一直堅信，人生是自己的，不需要在意別人說什麼，怎麼看。在不影響別人的情況下，做自己就好。

我們終其一生只跟自己的軀體、心靈、靈魂相伴終生，只要不虧待自己的身軀，不違背自己的心靈，不辜負自己的靈魂，足以。

我始終認為，我們看別人不順眼，不喜歡別人的地方，也是我們內心缺失的部分。人性的弱點，總是會對不合自己心意，或者比自己強大的人、事、物，嗤之以鼻。我們看不慣、得不到的，都是我們缺少或嚮往的。

　　而那些遇見的人帶來的感動和溫暖，看見的風景給予的能量和智慧，所夠感知到的一切，都來自你的內心深處。它本來就屬於你，只是在不同的時間節點用不同的方式來到你身邊，出現在你的生命裡。

　　你所看見的世界便是你與他人的關係，世界並非脫離你我而存在。所謂的世界、社會，便是我們彼此間所建立起來的關係。

　　所以你所看見的世界的樣子，都只是我們自身的投射物，想要瞭解世界，我們就必須先要瞭解自己。我們就是世界，我們的問題是世界的問題。所以安頓好內心，讓自己完整就已經是為社會和世界做貢獻了。

　　以慈悲之心看世界，誰還能左右我們的情緒和心境？**看待世界的方式，是我們的修養，而對其他人的態度，取決於我們的智慧和善良。**

　　當然，你我都無法掌控他人的世界，左右他人的思想，所以被誤解、被定義、被質疑都是常態。能活成別人的談資也是一種

本事和實力。任何時候,我們必須先照顧好自己,才能去愛別人,必須先愛自己,才會讓走進我們生命裡的每一個人,都效仿我們愛自己的方式來對待我們。在這之前我們必須有勇氣,去面對錯的事和人,和他們告別,接受這些陣痛。

總有一天,你會像一個局外人一樣,回首自己的故事,然後笑著搖頭、感歎—浮生不過夢一場。**這個世界沒有不帶傷的人,無論什麼時候都要相信,真正治癒你的,只有你自己而已。**

不去抱怨,不怕孤單,人生的很多痛苦都是自找的。**打敗我們的不是經歷本身,不是情緒,而是無法控制的想像力,是對一切發生過的事情的遺憾和後悔,以及未知的焦慮、糾結。**

人生不必太在意那些不重要的人和事情,不必執著和在意其他人對你的評價,做好你自己,把握當下的美好,快樂地度過每一天,做一個有趣而善良的人。**讓一切順其自然地發生,做好自己該做的就夠了。**

山有山的錯落，我有我的平仄

每一個時代都有它不同階段主流的價值觀和生活方式，不同階段我們所處的生活圈屬性也不同。前一代人看後一代人時，永遠抱著不解和質疑。「80後」的人，覺得「90後」是任性、自負的；「90後」的人看「00後」，覺得他們是自由、快樂的。

尤其是如今這個快速變化的時代，我們周圍充斥著更多的不同聲音和價值觀，如何取捨、面對、平衡，是我們必須要完成的功課。而且，這門功課沒有標準答案，沒有人可以告訴我們應該如何面對世界的變化。我們需要在自我成長、察覺中，從忙碌的生活裡找到一個適合自己的節奏。

與世界和而不同，是這些年我面對生活的態度。這個態度可

以讓我跟外界融合和接納的同時，也保持自己的不同，讓外界的評價、質疑、詆毀，都顯得沒有那麼重要。

與世界和而不同，不是非黑即白，不是二元對立的態度或生活方式，而是中立一點，圓融一些，是山有山的錯落，我有我的平仄。

成年人的世界，不是非此即彼。我們都在階段性成長，會選擇和找到一個中間地帶，這個中間地帶是自己最喜歡、最舒服的。生活不止一種樣子，每一種人生都值得被尊重，每一種生活都值得被看見，尊重不同的事物，用不同的角度看見和感受生活。

因為不同才更豐富，因為豐富才更精彩。

如果世界上只有一種成功或者幸福的標準，那成功和幸福本身就失去了意義；如果世界上只有一種審美，那世界便沒有了美。**願你做一個有趣而完整的人，心裡滿是故事，臉上帶著風霜，但不影響你帶著美好生活。**

願你擁有與世界和而不同的勇氣，用心專注今天的生活，愛自己也愛著世界。

五歲的孩子，救贖了我對原生家庭的執念

真正自信的人是什麼樣的呢？

自信的人，內心一定充滿了安全感，這種安全感建立在對自己認可的基礎之上，建立在自身的成長之上，建立在穩定的內核裡。

當一個人很自信，知道自己要什麼，擁有什麼的時候，就不會人云亦云。這種源自內心的篤定，讓他不會在外界的聲音裡迷失自己，不會被外界因素定義和影響，他始終知道自己是誰，始終堅定自己的內心。自信的人，更容易把人生中的各種際遇轉化為自身的認知和成長，內在越強大，處世的方式就越顯得雲淡風輕。

我的自信，是5歲的海濤給我的，他還改變了我對原生家庭、生長環境和成長境遇的理解和看法。

2021 年，我多了一個亦父亦母的新身份，起初彷徨無措，努力適應，再到遊刃有餘、甘之如飴的享受。在決定帶著海濤一起生活之前，我從各方面都做好了準備和最壞的打算。在適應新身份的同時，也感受著另一種人生，對於生活和生命有了更深的理解。

　　海濤是由爺爺奶奶帶大的，大概是因為沒有在父母身邊生活的緣故，五歲的他，沒有家的歸屬感。他的口中有「爺爺奶奶的家」「爸爸的家」「媽媽的家」「大爹的家」「二爹的家」「小爹的家」等，就是沒有屬於他自己的家。起初，我執著於培養他的安全感，告訴他：「海濤，小爹家就是你的家。」而五歲的他卻堅定地跟我說：「不，這是小爹家，以後我會有自己的家」。

　　那一刻我恍惚了幾秒，心裡好像一下子被什麼東西擊中了。

　　那一刻的我，突然對過往的經歷釋懷了。

　　我們的原生家庭只是我們來到這個世界的處境，而後的生長環境也不過是命運幫助我們蛻變的起點和力量。最終，我們都會在成長境遇裡找到自己、成為自己、完整自己。

　　對於原生家庭，我們要做的不是依靠原生家庭去彌補或者找尋自己在世界的角色，而是借由原生家庭讓我們從其他角度去看見生活。**一個人成長的過程，就是他構建世界的過程，我們終將**

會擁有「自己的家」,一個可以安放自己的心、停靠靈魂的家。

內心缺乏安全感的人是什麼樣的呢?他們會懷疑這個世界,不相信一切的美好與自己有關係,對別人始終懷著戒心,不願意信任別人,對外界事物沒有興趣,對世界缺乏好奇心和樂趣。

嚴重缺乏自信的人,是無法用自身的成長和創造來帶給自己快樂的。

沒有安全感的人,即使得到了全世界,仍然不會有安全感,只會患得也患失,得到的越多,帶來的恐懼就越多。

安全感是一種對自己內心自信感的既定事實的確認,絕對的安全感源自對自身的確認,從別人那裡來的安全感,形式遠大於事實,最終都會幻滅。

安全感從來無法外求,它是我們內心世界的篤定與平靜。一直很喜歡李嘉誠先生的一句話:「真正的安全感,來自你對自己的信心,是你每個階段性目標的實現,而真正的歸屬感,在於你的內心深處,對自己命運的把控,因為你最大的對手永遠都是你自己。」

安全感自己給自己,有三層意思,第一是自己可以養活自己;第二是自己可以面對自己的孤獨;第三是自己可以給自己帶來快樂。

我們的人生是用來體驗和自我創造的，不是用來演繹完美的。慢慢能接受自己身上那些灰暗的部分，原諒自己的遲鈍和平庸，允許自己出錯，允許自己偶爾斷電，帶著缺憾拼命綻放，這是與自己達成和解的必經之路和完整自己的必要階段。

身邊有很多原生家庭看似並不美好的人。初見雪姐，她淡雅如菊，赤誠相待，我欣賞她身上對萬物皆可淡然處之的自如和遇見任何事情都不慌不忙的優雅，許是她從事教育行業工作的原因，教書育人，傳道授業。

她出生於偏遠村子，家中只有妹妹和她，兒時的記憶，是家族與鄰居之間的談論，母親默默的眼淚和奶奶的置之不理，自小的生長環境讓她不斷想要證明女孩子也可以如男孩一般承擔家庭，她努力學習，成了村子裡面第一個大學生，也在之後的很多年，他們家依舊是村子裡鄰裡茶餘飯後的談話物件，不過內容已經從老邱家只有兩個女孩、沒有男孩變成了老邱家女兒們真厲害，兩個女兒都這麼有出息，在北京紮根，事業風生水起，孩子也送出國留學，媽媽也接到身邊陪伴照顧。

對於在村子裡成長又走出來的人而言，改變他人的刻板印象，證明自己，並不是一件容易的事兒，何況是女性，可想而知，雪姐經歷了怎樣的困境與挑戰，而她從未抱怨原生家庭與成長環

境,而是一直在不斷通過更換成長境遇與思維模式,讓自己走一場只屬於自己的人生體驗之路。

她的善良,讓她即使在被合夥人欺騙,賠付百萬費用之後依然相信他人是無路可走不得已而為之,只是一時錯誤,選擇自己獨自承擔並與傷害她的人和解。

雪姐說:「很多人認為只有經歷大事才可練心,殊不知生活中哪有那麼多的大事可以經歷,真正的心力來自把小事做好,做得堅定、堅持和勇敢,自然你的心性也練就平和了!」

擁有自己靈魂上的「家」,**用心度過每天的時光是對生活最好的交代**,睡前回憶一下一天,心安、富足、踏實就是生活最好的方式。

我們都會有無法言說的至暗時刻,一場不為人知的暴風雨,一些被打碎而後重建的觀念,是成長必修的課題,靜待它過去,我們會成為更豐滿、更平和的大人。

重要的是,有一個健康的身體、一顆感知清風明月的心和跟人說話時真誠有愛的眼神。

願我們都能看見自己,找到自己靈魂的家,能夠進退自如,豐儉隨意,不悔過去,不憂未來,往裡走,安頓自己,盡情享受和體驗這僅有一次的人生時光。

愛自己比愛世界更重要

在這個世界上,每個人都在不停找尋那個可以讓自己舒適、溫暖的空間和角落。

在我們的內心深處,一定會有一些讓我們覺得很溫暖的記憶,它們在我們內心深處給予我們力量和愛,或許是一個人、一件事、一首歌。

這些年總是有很多人問:「你是怎麼把一個人的生活過得那麼輕鬆、愜意的?」

其實,所有風平浪靜的背後,都有一顆隨遇而安又強大淡然的內心。

這些年,我幾乎都是一個人生活。從第一次離開家人身邊時

的害怕，對陌生環境和生活迷茫，在異地他鄉的無助，到今天可以隨時提著行李箱，在任何一個陌生的城市開始新的生活和工作。這一切都是因為我學會了適應生活。

生活給予我的經歷，讓我倍加感謝和珍惜生命。

獨自生活的你，一定經歷過獨自一個人去醫院的驚慌失措，過節時一個人吃飯的落寞，一個人去看晚場電影的孤獨。午夜夢回，發現自己依然獨自一人，眼淚會突然不受控制地掉下來。工作遇見瓶頸的時候，不知道應該怎麼辦，就像站在十字路口的孩子，迷茫無助，很想有個肩膀讓我靠著哭一哭。突然接到家人問候短信的時候，即使再不安、無助和彷徨，也會微笑著跟家人說：「沒事，挺好的。」

當你一個人熬過這些日子以後才會發現：所有讓你難過、落寞的瞬間，都會成為你成長路上難得的回憶和經歷。

以下5點建議，送給跟我一樣一個人在異地他鄉生活的人。

1. 適應孤獨，努力成長

《夏目友人帳》中說：「我必須承認，生命中的大部分時光是孤獨的，努力成長是在孤獨中可以做的最好的事情。」

人生這趟旅途中，註定有很多時刻只能一個人度過，很多路

只能一個人走,孤獨是人生常態,你總要學著消化掉那些難挨的情緒,讓自己變得獨立和堅強。

當你嘗試著把孤獨轉化為獨處,不斷積蓄向上的力量,讓自己變得充實,變得優於過去,你會發現,沒有什麼事情比這更酷了。

做最好的自己,才會遇見最好的別人,才會遇見更好的生活。

2. 拒絕拖延,保持自律

比起玩手機、打遊戲、刷微博這些在不知不覺間消耗你時間的事情,堅持一些能夠讓你變得更自律的習慣,會讓生活變得更美好。

改掉 3 分鐘熱度、只停留在空想階段的愛好,比如跑步、冥想、看書、學習一種樂器,找到自己的興趣,將它變成自己的特長。不要等事情拖到不得不做的時候再去做,學著規劃自己的時間,慢慢開始整理自己的生活,掌控自己的日常,讓一切變得有條不紊。

就像德國哲學家、作家康得所言:「自律即自由。」有勇氣跳出自己的舒適區,挑戰自己的惰性並且盡可能戰勝它的人,才是真正的人生贏家。

3. 沒有體驗過自律，你不會知道自己能有多優秀

不再晚睡，按時吃飯。夜晚適合休息，適合放空，適合聽舒緩的音樂泡澡，適合很多安逸的事情，唯獨不適合想念，不適合沉淪。

改掉吃油膩宵夜的習慣，壓下不該有的躁動，把時間留給自己，別晚睡，也別去打擾誰。

比起消耗精力去想一些讓自己糾結的人和事，不如好好睡一覺。第二天天一亮，那些在深夜作祟的情緒，就會消散大半。

照顧好你的頭髮、挑剔的胃和愛笑的眼睛，認真對待一日三餐，一生不過三萬多天，好好愛自己，比什麼都重要。

4. 堅持運動，鍛煉身體

我們在人世間行走，所有一切存在的前提，是活著。

保護好肉體的「神殿」，使它儘量免受病痛折磨，是對自己最起碼的珍惜。

運動是體力活動，也是放鬆身心的最好方式，不管是瑜伽、跑步，抑或每週去幾次健身房，都是不錯的選擇。

讓思緒放空，專注於當下的一呼一吸、一舉一動，給心靈放鬆的空間，也給身體增強抵抗力的時間。

處在任何一個年齡段,都要做最好的自己,不要太胖,不要太瘦,保持鮮活的少女心和少女力,從一個有活力的身材和心態開始。

健康是人這一生最大的財富,而我們也必須為之終生努力,從當下開始,堅持運動,做更好的自己。

5. 總結過去,珍惜當下,坦蕩面對未來

人這一生,註定是無法回頭、無法重來的,過往種種,好的壞的,都會成為過去式。當你懂得「那些過得去的、過不去的都將成為過去」的含義時,就是你成長的開始。

舊人舊事,就讓它們留在舊日的風景裡吧,你要做的,是總結過去的得失,然後大步朝前走。

過日子,過的是以後,不是以前。不念過去,不畏將來,珍惜當下才是最好的狀態。

學會捨棄一些早就該放下的東西:不會再穿的衣服和鞋子,不會再看的舊報紙,不會再聯繫的人。沒有意義的事,早點和它們斷舍離,你才能容易和更好的自己不期而遇。

這個世界有時會讓人覺得很累、很辛苦、很壓抑,甚至是很絕望。但請你相信,生活是有彈性的,別輕易認輸,前路盡頭,

一定有光。

　　願你始終做善良的自己,愛自己勝過愛世界,知世故而不世故;願你可以一直勇敢堅強、自信坦蕩,不懼風雨坎坷,也不畏人言挫折。

還是要有心願，小一點兒也沒關係

這幾年網路上總是不時冒出一個話題—寒門難出貴子。說的是出身不好的人，很難有所成就，因為他們已經輸在了起跑線上。

但我並不認可這句話，因為我就是標準的「寒門」，我身邊大多數人的出身都很一般，但他們中的很多人都通過自己的努力成了人生贏家，甚至有些人，在影響和改變著這個世界。

瑤瑤就是我身邊出身普通，卻憑藉自己的努力活成最好樣子的姑娘。

初見瑤瑤是在 2017 年北京冬天的一場活動，我永遠記得那天初見時那個滿身散發著能量的姑娘，她的眼裡寫滿了對生活美好的態度，那天近百人的活動現場，我只是記住了她。

之後彼此深入瞭解，才知道，這個看起來柔和又開朗，笑起來非常明媚的姑娘，背後經歷了那麼多故事。而且，她對家庭的責任感，對一切生活境遇的樂觀向上，對工作的努力奮進，對生活的熱愛與認真，以及對感情的灑脫與智慧，都讓我為之欣賞。

　　褪去表面的光鮮亮麗，留下的是她的柔美和淡泊，以及由內而外散發出的韌性，這些更讓我自愧不如。

　　瑤瑤從小是跟著外婆長大的，母親和父親在她 2 歲時就離異了，所以她很小的時候就知道，她只能靠自己。

　　因為原生家庭的影響，瑤瑤從小就擁有了獨立自主的意識，所以她在大學期間就憑藉自己的努力在一線城市的市區有了自己的房子和車子。而後，她卻選擇放棄已有的優勢，獨自一人來到首都北京，在自己不熟悉的領域從頭開始。

　　放下，從來都不是一件容易的事，但她說：「人生需要不斷的不確定性和挑戰性，讓自己變得更好。女性無須因為出身、容貌而焦慮，更無須依靠男人，靠自己就可以活出自己想要的人生。」

　　我欣賞她身上的鬆弛感和韌性，佩服她對於事情的毅力。如今的瑤瑤，擁有足夠的智慧和實力，可以做喜歡的事，看想看的風景，按照最舒服的方式去感受這個世界。

人生這條路上，你不去拼搏、堅守、奔跑，就不會知道自己有多大的潛力和多麼無限的未來。人生的一切都是自我創造的。

強大的人也會有脆弱的一面，內心缺乏安全感應該是跟瑤瑤有相同經歷的人的通病，瑤瑤的表現是——極度怕黑。所以她到現在，睡覺都會習慣性地開著燈。

這是一種內心極度缺乏安全感的表現。因為童年的經歷，她從小就明白自己沒有選擇的餘地，要學會接受和習慣。所以她沒有不喜歡吃的食物，沒有討厭的事物，遇到任何境遇都會逼自己去習慣，以至於她現在都沒有討厭的東西。

我始終相信，無論我們的家境怎麼樣，我們的命運始終掌握在自己手裡。我們最終成為什麼樣的人，過什麼樣的生活，家境都沒有起到決定性的作用，真正可以決定我們可以過什麼樣的生活的，是我們是否有堅持美好和努力的心。

因為這一生，我們吃過的苦，走過的路，看過的書，欣賞過的風景，都會藏在我們的骨子裡，照亮我們的整個生命。

CHAPTER 03

路上見識世界,途中看清自己

讓生活好玩兒一些,輕盈一些

一個人獨處的時候,是我們最好的增值期,懂得享受孤獨會讓我們更加快樂和幸福。

畢淑敏說:「在光芒萬丈之前,我們都要欣然接受眼下的難堪和不易,接受一個人的孤獨和偶然無助,認真做好眼前的每件事,你想要的都會有。」

如今的我們,置身於一個快速運行的時代,生活快到我們不敢停下腳步去看看沿途的風景,不敢靜下來跟自己相處。很多人的人生都在被環境和生活推著走,不敢停下來休息,不敢一個人獨處,不敢誠實地面對自己。

大概是因為我在朋友們眼裡是一個極其孤獨、極會獨處的人

吧,所以總是被很多朋友問及對孤獨感和獨處的看法,諸如一個人的時候會不會累?不工作的時候怎麼打發時間?不談戀愛會不會孤獨?一個人會不會很辛苦?

其實,我曾經也無數次問過自己這些問題。感覺很累的時候,問過自己為什麼要堅持,堅持是不是真的有用和值得;每次一個人深夜出差回家的時候,總會覺得自己很孤獨;每次一個人搬家時,總會覺得自己很辛苦;每次一個人生病,又會覺得自己好可憐⋯⋯而如今,我開始對生活有著不一樣的認知和理解。我從一個需要把自己置身於人群之中尋找存在感的人,變成了如今安靜到極致的人。外人對我最大的標籤是佛系,因為我不喜歡社交,除了工作,只跟熟悉的朋友接觸,愛好是喝茶、看書和做飯。

我真正開始享受孤獨,開始懂得生活的意義,知道任何人,無論昨天多風光、多失意,第二天天亮的時候,一樣要起身做回個人,繼續生活下去。我們無法控制明天會發生什麼,也改變不了昨天的生活,我們唯一可以決定的是過好今天,這就是人生。

是啊,人這輩子,誰還沒有幾回被苦難教做人?那種被生活一巴掌連著一巴掌,打得滿地找牙的感覺特別不好。但是無數過來人的經驗都在告訴我們:大家都沒有什麼竅門,就是笨笨地熬,然後不知道什麼時候,那些艱難就過去了。

其實在我看來，所謂人生，不過是我們的經歷和體驗而已，無論好壞，痛苦或是開心，只要你回首往事時，不因碌碌無為而悔恨，不以虛度年華而羞恥，那你就可以很驕傲地和自己說：「我不負此生！」

現在的我喜歡在工作結束之後，回家為自己做一頓簡餐。看書、聽音樂、照顧花花草草成了我生活的樂趣，因此在大家眼裡，我似乎是一個很孤獨的人。確實，我喜歡一個人，喜歡孤獨的感覺，但我從不缺乏知己好友。

所謂的好友，是那種不需要靠頻繁聯繫和見面就能維繫關係的知己，那種比我還要瞭解我自己的知己，那種可以叫到家裡分享美食和心情的知己。說起孤獨，我想源於如今我們的生活，什麼都很快，車馬很快，人心變化也很快，或許因為凡事很快，我們越發珍惜從前的慢。

因為一個人而愛上《從前慢》這首歌，知道木心先生也是因為這首歌。都說通過文字可以瞭解和看透一個人，在那些字句之間，透著一個人的教養和品格，寫著一個人的情懷和期許。

于木心先生而言，文學是可愛的，生活是好玩的，藝術是要有所犧牲的。木心先生筆下寫過很多動人的故事，他的小說裡總是夾雜著對人性的參悟和對生活的期望，從獲罪到流亡，再到旅

居，而後歸來，他用文字和畫作，記錄著生活，也留給我們無盡的情懷和對生活的思考。

於我而言，**萬物是可敬的，生活是有趣的，快樂是需要用心發現的，人生是盡情體驗和創造的，我們終將遇見完整的自己。**

很喜歡錢鍾書先生的一句話：「洗一個澡，看一朵花，吃一頓飯，假使你覺得快活，並非全因為澡洗得乾淨，花開得好，或者菜合你口味，主要因為你心上沒有掛礙。」

這是一種別樣的心境和看到世界的角度，若你無法改變現狀，何不退一步，去尋找別樣的海闊天空。

我們之所以焦慮、糾結和無法獨處，大多來自不喜歡現在的自己，大多數的痛苦來自沒有辦法一個人待著，因為現在的自己並不是當初期待的那個樣子。

而丟失當初期待的自己，大致是因為我們總是去追逐生活中所謂的意義：活著的意義，工作的意義，愛情的意義。

或許我們走到生命盡頭的那一天，才會恍然發現：**其實生命本身是件毫無意義的事，我們活得有滋有味，其實就是因為它本身無意義，所以才會去力圖找一些有意義的事情做。**

時光流轉，歲月變遷。願你學會擁抱陽光，寬闊心懷，坦然生活。生活是很好玩兒的。

自省的孤獨勝過一切鼓勵

為了合群，我們不知耗費了多少時間，卻少有人發現，孤獨不僅可以讓人變得出眾，也能讓人高品質地合群。

在快節奏的時代，我們馬不停蹄地抱團和融入，過度社交的直接後果就是：自己可支配的時間、金錢被浪費，尤其是時間。真正的精英們，懂得享受孤獨，適度脫離群體，學會和自己相處。

享受孤獨，是在不被打擾的時間和空間裡，完全依照自己的意願，來安排這段時光怎樣度過，是一種莫大的自由。在每天有限的自由的時空中，如果可以做到「自律」，就可以帶來「效率」，成就那些常人做不到的事情。

這世上，每個人都是孤獨的。人活在這個世界上，最終都要

學會和自己相處。

小雅是我身邊少有的一個神一般地存在的姑娘,她經常全世界到處飛,住別墅,開跑車,出門還有司機、保鏢跟著,是典型的人生贏家。但當熱鬧歡聚過後,那種寂寞的感覺,只有她自己知道。

從她身上我沒有看到物質帶來的幸福感,反而是她發自內心的那種寂寞和無助,更令我動容。在我看來,小雅雖然不缺乏物質,但她的寂寞感,是用再多的奢侈品都無法彌補的。

雖然我孤獨,但我並不寂寞,因為我有自己心嚮往之的夢想,身邊有興趣相同的人,還做著自己喜歡的工作。雖然銀行帳戶裡的錢還沒有多到數不清的地步,但已經足夠養活自己、回饋家人。

跟小雅認識 8 年,她有過兩段婚姻,這兩段婚姻對她的人生產生了莫大的助力。第一段婚姻,讓她從一個農村姑娘,變成了一個擁有北京戶口、房產的北京人。第二段婚姻,讓她從北京人變成了香港人。她常常會說,如果自己可以重來,當初一定選擇熬過孤獨,而不是讓孤獨感蔓延,成為一人的寂寞。

鮑爾萊說:「一個人成熟的標誌,就是明白每天發生在自己身上的 99% 的事情,對於別人而言毫無意義。」成熟就是理解孤獨,接受孤獨,享受孤獨。

蔣勳說:「當我們懼怕孤獨而被孤獨驅使著去消滅孤獨時,是最孤獨的時候。」人只有在跟自己對話時,才能自我反思。

笛卡爾說:「自我反思是一切思想的源頭,人是在思考自己而不是在思考他人的過程中產生了智慧。」

所以說,**我們需要孤獨。自省的孤獨勝過一切鼓勵。**

一個人的時候,所有「原子」都是自己的,所有表情都是出自本能,所有舉動都是寵幸自己的放縱。只有在獨處中,我們才接近自然狀態,孤獨是開放了我們自身的埠,讓我們有了與自己聯結的機會,不用被迫與他人對話,可以專心與自己對話。

叔本華說:「只有當一個人獨處的時候,他才可以完全成為自己。誰要是不熱愛獨處,那他就是不熱愛自由,因為只有當一個人獨處的時候,他才是自由的。」

孤獨是一種最本質、最昂貴的自由。因為擁有孤獨的人,才能擁有真正的自我。

周國平說:「人之需要獨處,是為了進行內在的整合。所謂整合,就是把新的經驗放到內在記憶的某個恰當位置上。唯有經過這一整合,外來的印象才能被我們消化,自我才能成為一個既獨立又生長的系統。」

所以,有無獨處的能力,關係到我們能否真正形成一個相對

自足的內心世界。世界是一個碩大無比的食物拼盤。

我們每天都在馬不停蹄地大吃大喝，卻忘記了花費時間來消化吸收。而孤獨是世界上最好的消化工具，所以，沒有什麼能比孤獨更滋養一個人了。

能夠孤獨的人，才能萬物皆備於我。

任何領域，只要你深潛進去，就會與他人之間形成隔閡或差距。這個世界沒有一個人理應懂得你，一個人最應該爭取的懂得來自自己。

真正的平靜，不是避開車馬喧囂，而是在心中修籬種菊。成長，就是先學會與孤獨相處。

一個有趣的靈魂，即使永遠無人理解，他也能從自身的充實中得到一種滿足，因為他明白自己真正想要的是什麼。

寧遠在《遠遠的村莊》中說：「孤獨是非常有必要的，一個人在孤獨時所做的事，決定了這個人和其他人根本的不同。」**正是孤獨，讓我們區別於他人。**

叔本華說：「要麼孤獨，要麼庸俗。」

正是孤獨讓我們變得出眾，而不是合群。

想要摘星星的孩子啊，孤獨是我們的必修課，最高級的自律是享受孤獨。餘華的《在細雨中呼喊》中有一段話：「我不再裝

模作樣地擁有很多朋友，而是回到了孤單之中，以真正的我開始了獨自的生活。有時我也會因為寂寞而難以忍受空虛的折磨，但我寧願以這樣的方式來維護自己的自尊，也不願以恥辱為代價去換取那種表面的朋友。」

有很多人，因為害怕被別人說孤僻才去社交，去犧牲自己的獨立精神與真實意願，讓自己出現在聲色犬馬的群體狂歡中，但真正有所成就的人，都在用「不合群」的時間去重塑真正的自我。

社交可以體現一個人的外在價值，但孤獨卻能塑造一個人的內在價值。

人生就像在打俄羅斯方塊，你合群了，也就「消失」了。

平庸的人，選取熱鬧來填補生命，超拔的人，以孤獨來成就自己，達到生命的飽滿。

亞裡斯多德說：「離群索居者不是野獸，便是神靈。」

這個世界，一些人贏在了不像別人，一些人輸在了不像自己。

沒有誰會永遠陪著誰的。我們都是自己世界的孤獨王者，有些事情只能自己一個人去面對，有些路只能自己一個人去走，有些關口只能自己一個人去闖。

我們披荊斬棘，活得肆意

　　自媒體時代，資訊太過紛亂，以至於很多人的情緒被周圍的紛亂資訊影響著。普通人面對這樣的時代，一定要守住內心的繁華和安寧，別在紛雜中丟失了原本的自己。

　　如果你周圍的同齡人都拋棄了你，那也是另外一種幸運。馬克思在給孩子的信中寫道：「即使是最幸福的人也有憂傷的時刻，無論對哪一個凡人，太陽都不會永遠只露出微笑。」

　　我們這個時代，每個人或多或少地都有點焦慮。年輕人為學業和未來迷茫，中年人為生計焦頭爛額，老年人對著歲月哀婉歎息。綜觀人生百味，焦慮不過是世間百態中極為尋常的一部分。

　　然而，在我們當下的生活中，很多爆款文章竟將焦慮催生成

了一門生意，製造恐慌來撬動流量。從「北京有 2000 萬人在假裝生活」到「在城市裡過著平淡卻一眼看到未來的日子」，從「人到中年，職場半坡」到「時代拋棄你時，一聲再見都不會說」。

總結這類文章的共性就會發現，一個博盡眼球的標題、幾個似是而非的故事、一個以偏概全的結論，就構成了一篇牽動無數人神經的爆款文章。

只不過，煽動焦慮而不紓解情緒，渲染痛苦而不顧及感受，以傳遞正能量為名卻行釋放負能量之實。讀者看完之後，恐怕不會有多少收穫，更談不上產生什麼感悟。

普通人面對這樣的焦慮論，不妨以一種辯證的心態和自我的尺規去看待，避免無謂的恐慌和擔憂。僅因為同齡人優秀就覺得自己被拋棄；要麼一騎絕塵，要麼被遠遠拋下⋯⋯這種價值體系，只會催生出無盡的焦慮和欲望。

實際上，每個人的一生都在被所謂的成功者甚至後來者不斷超越，如果僅僅因為同齡人優秀就覺得自己被拋棄，那世界 99% 的人就都是被拋棄的人了。沒有誰的人生能被片刻定義，也沒有誰的生活可以被片面解讀。

焦慮被包裝成一個商品、一種潮流，恰恰印證了人們對實現價值、獲得成功的極度渴望。在如今這個文化多元的時代，很多

人都希望登頂，畏懼落後，只想收穫，不問耕耘。於是，成功學大行其道，厚黑學甚囂塵上。雖然成功不會催生焦慮，但對成功的欲望卻會。身處欲望旋渦的人，就像處於一種失重的狀態，有人能將焦慮變成動力一躍而起，有人卻只能沉溺於這樣的狀態。

我們真的需要靠不停「刷」存在感，找優越感，來獲得自己內心的安寧和認同感嗎？

不知道從什麼時候開始，我們變得越來越不像自己，被生活中的各種要求和定義束縛，忘記了自己真正想要的幸福感。**如果每個人都是一條河流，它的幸福來源於享受沿途的風景，感受生命的不同際遇，而不是強迫自己到達去不了的彼岸。**

在每個人的坐標系中，需要超越的從來都不是同向而行的同齡人，而是一個個標注成長的過往節點──過去的自己。正如一首小詩裡寫的那樣：「你沒有落後，你沒有領先，在命運為你安排的屬於自己的時區裡，一切都準時。」

同樣的，在每一個奮鬥的日子裡，沒有人會被拋棄。酸甜苦辣鹹，人生五味全。只問成與敗，誰人心能安？在這樣一個被焦慮、壓力、忙碌、孤獨等情緒包裹的世界，願我們都能守住內心的片刻安寧。

我們生活的這個世界已經有太多統一的審美、統一的認知、

統一的標準去定義人生和成功。我們不能要求所有人都一樣,要接受和允許我們跟這個世界的其他人不一樣。

　　短視頻裡,到處都是身材好、長得好、有才華的人,但請你不要因此而焦慮不安。我們要在僅有一次的人生裡,肆意生活,過好今天就夠了。

與父母和解，重新認識自己

　　當父母跟我們說話需要小心翼翼時，我們彼此之間的角色就已經開始變化。從兒時父母擁有絕對權威，到長大之後我們佔據主導位置，父母也開始變得敏感、脆弱和不安。

　　在近幾年，我越來越強大的同時，我的操心先生（父親）和差不多小姐（母親）也漸漸放棄了家庭的主導地位。他們努力讓我不擔心，努力跟上我的節奏，也努力藏起對我的擔心和心疼。

　　相比同齡人，我不是一個傳統意義上孝順的女兒，沒有像其他人一樣選擇差不多的人生，我不結婚，不生孩子。這讓他們承受了很多外界的質疑、親戚朋友的評價。對於一生都活在他人評價體系裡的爸媽來說，是一件需要很多勇氣去面對的事情。

雖然我和操心先生之間未曾有過太多話語，卻都懷著對彼此的擔憂和愧疚，我擔心他的健康和情緒，他擔心我是不是太辛苦。我愧疚前些年未曾按照他們期待的方式生活，讓他們順心如意。他對不能幫我分擔壓力而愧疚，更為我的感情生活而擔憂。我們之間對彼此愛的方式是他從不打擾我的工作，默默地支援和關注我的一切，而我從不敢主動談及操心先生的未來。他竭盡全力照顧自己為我解決後顧之憂，我全力以赴安撫他的心情。

我與差不多小姐之間的羈絆從未停息。兒時，因為未曾瞭解她的不易，我曾經無比叛逆，無數次傷過差不多小姐的心。待我長成，尤其今年，體驗了一個母親的角色後，我才明白差不多小姐這些年來有多麼不易。

自從我北上之後，差不多小姐對我越發小心翼翼，每次發訊息唯恐打擾到我。而深夜我的朋友圈從不封鎖差不多小姐，因為她沒有我的消息會擔心。我知道差不多小姐每天會通過朋友圈了解我的動態：吃了什麼，做了什麼，心情好不好。

我們之間都在各自的世界完成對彼此人生的功課。**父母與子女的關係，其實是借由對方來更加瞭解這個世界和完善自我。人在成長的過程中，通過各種關係獲得最初的自我，再通過擺脫各種關係的投射，才能獲得完整的自我。**

在這個過程中，不太和諧或是經常發生衝突的關係，會在心靈上造出一個負面的自我。比如孩子在成長的過程中，未能與自己的父母建立良好的關係，不時發生激烈的衝突，孩子成年後的心理就會出現隱患，這些「隱患」其實就是各種挫敗的自我。通常，情緒穩定的父母不太可能養育出有心理問題的孩子，這樣的家通常都是孩子心靈上真正的港灣。

心理問題其實是一種經常受到挫敗而建立起來的防禦機制，就像是一個經常受到攻擊的城市，一定會建設起牢固的城牆一樣，既限制了城外的人進來，也限制了城內的人出去。

所以，心理治療和自我療癒，其實都是去認識這些曾經發生在自己身上的「關係」，去認識在這些關係之中，人的自我意識是如何長成的過程，**梳理、擺脫並整合這些生命中挫敗的自我意識，人往往可以獲得重生。**

哲學裡常說的「去認識你自己」，同樣是分析、整理、統合人的自我的過程，每個人都需要找到一個完整的自我，才可以真正去主宰自己的人生。

事實上，每個人在成年之後，既需要有一個擺脫「過去自我」的過程，也需要有一個擺脫原生家庭影響、重新塑造全新自我的過程。

不過，現實生活中「去認識你自己」的重要性，從未真正被人們重視過。從孩提時代開始，多數人會被成長過程中發生的事情影響著自己的一生。

其實，人生最可怕的東西，莫過於以為自己「本就是這樣子的⋯⋯」。於是乎，人生便失去了各種本該屬於自己的無限可能。

女性因重要而強大

我們往往習慣性地用自己的眼睛去看待這個世界,而不是用心。所以**我們眼中的好人不一定善良,壞人也不一定邪惡。**

由於工作的關係,身邊接觸的大多都是女性,涉及各個年齡段,各個行業,各種背景。我聽過太多各種家庭背景的女性身上不為人知的故事,其中不乏如影視劇般跌宕起伏,如戲劇般看似虛無卻血淋淋的現實。

這些故事讓我仿佛又經歷一遍她們的人生,不能說感同身受,卻能共鳴她們當下的感情,有心疼,但更多的是懷著對這群獨立而又優秀女人的敬畏和欣賞。

佳欣比我大一輪,跟我在一起卻像我妹妹,我到現在都還記

得跟她第一次見面時她的樣子，她是那種讓人在茫茫人海第一眼就能看見的人，美麗、精緻的著裝和妝容連女人都羨慕。我們一見如故，之後更是成了閨中密友。

佳欣是一個特別有人格魅力的女人。初見她時會欣賞她的美，待走進她，瞭解她之後，就會愛上她的獨立和自律。

佳欣生活在南方的一個偏遠鄉村，因為是個女兒，被有著重男輕女思想的祖父、祖母和父親嫌棄，從小在家裡沒有得到過太多的愛。母親雖心疼她，卻無奈在家裡沒有地位和主導權，唯唯諾諾地接受家人對她們母女的無視、無端的指責和無故的謾罵。所以，佳欣從小就有了要活出獨立人生，主宰自己人生和未來的想法。

佳欣14歲時輟學了，之後獨自一人去城市裡打工，起初在餐館給人洗盤子，後來在酒吧做啤酒銷售，也就是外人眼裡那種每天化著精緻的妝、穿著漂亮的不正經的姑娘。但這些並不影響佳欣內心的堅持和目標，她用自己在酒吧的收入換得了母親在家中的些許地位和父親心裡的些許愛。

兩年之後，因為佳欣優異的工作和管理能力，酒吧老闆不僅給了她酒吧的股份，還把酒吧給她管理。在佳欣的經營管理下，酒吧一年的營業額翻了10倍，她也掙到了人生的第一桶金，給

父母在老家修了房子，給父親買了車。

如此勵志的故事本應該很完美，但命運卻總與努力的人開玩笑。於是，意外發生了。佳欣的母親因為常年情緒不好，患上了抑鬱症，加上村子裡的人議論佳欣之所以能賺這麼多錢，是因為她在外面給別人做情婦。人言可畏，在那樣一個資訊落後、思想陳舊的村子，她父母被人孤立和唾棄，連父親也懷疑她，要跟她斷絕關係。

最後，佳欣的母親喝了殺蟲劑自殺了。佳欣辦完了母親的喪禮，順從了父親的要求，給父親留了一筆錢後就離開了家鄉，時至今日也沒有再回去過。

佳欣跟我說完她的故事以後，臉上平靜又坦然，是那種我未曾見過的釋然和解脫。我問她：「記恨父親嗎？」她說：「曾經恨過，不只父親，我曾經恨過世界和身邊所有的人，為什麼我那麼努力卻換來質疑和誤解？」

當別人在背後指著她說，她做不正當職業，是個壞女人的時候，她想反擊和回敬別人說，她不是，真的不是。但她忍住了，沒有反駁他們。在外人眼裡或許是她默認了，但她卻說，後來的她放下了，放過了質疑自己的人，也放過了自己。

獨立的女孩默默付出了什麼？

我身邊這樣努力又有成果的女生不在少數，一起聊天的時候，總會聊到同一個話題：我們這樣出生在中下階層家庭，沒有背景，沒有關係，沒有學歷，因為心中的夢想和目標，在陌生的城市努力工作，受過無數委屈，流過無數眼淚，拿到一點成果，卻被別人質疑是靠潛規則成功的。

　　我想，如果可以，沒有任何一個女孩願意獨自離鄉背井，在陌生的城市生活，遠離父母家人和原本的生活圈子，沒有朋友，沒人照顧，一個人吃飯，一個人去醫院打點滴，一個人去醫院做手術，連家屬簽字都是自己。這樣的生活不是別無選擇又有誰想要呢？這樣的經歷和體驗，又有誰想要感受呢？

　　但是，作為女子的我們，沒有理由放棄和拒絕成長，放棄美好的追求和努力！

　　2013下半年，佳欣結婚了，先生是北方人，常年在香港和內地來回奔波，佳欣也因先生的事業一起奔波在香港和內地之間。婚後，佳欣的先生把自己名下所有的不動產悉數更變成了她的名字，對她更是照顧和寵愛有加……雖然婚後成了全職的家庭主婦，但她卻活成了別人羨慕的樣子。

　　2018年，因為工作的空當，我去麗江看佳欣和她剛出生的寶寶。因為佳欣喜歡麗江的風景，她的先生就在麗江買了房子給她

待產。在佳欣家裡住了半個月，我終於明白，自律是一個女人最大的能力，也更明白佳欣為什麼能讓先生如此愛她，為她傾其所有。

我去麗江的那天，因為航班晚點，到達時已經快淩晨了。那天佳欣剛好出月子，她堅持要到機場接機，她的先生說服不了她，只好跟司機一起陪同她到機場接機。那是佳欣婚後我們第一次見面，她比之前更加漂亮，臉上相比以前多了份柔和與淡然，滿臉透著甜美和幸福的感覺，是那種在她數米之外都夠感覺到的幸福的味道。

我在她家的半個月裡，即使孩子有月嫂照顧，佳欣也每天六點起床去樓下跑步，七點半準時洗漱完畢，臉上帶著精緻的妝吃早餐，送先生出門之後，花費兩個小時陪伴孩子，中午去自己的音樂咖啡館小坐，鋼琴、古箏等樂器無一不精，她在舞臺上唱歌時是那麼耀眼，不要說異性，連我都被迷住了。

佳欣中午回到家，吃過午飯，一邊在陽臺上慵懶地享受著陽光，一邊看書，下午自己做好豐富的飯菜等先生回來吃飯，美食、美酒、鮮花，平淡中帶著浪漫的小美好。飯後她跟先生一起去小區門口的健身房健身，之後一起回家陪伴孩子，十點準時睡覺。

這個具有大女人情懷和小女人嬌柔的女子，活成了自己喜歡

的樣子,更活成了別人喜歡的樣子。

那半個月,是我辭職創業後過得最舒服、最愜意的日子。我停止了一切工作,每天跟佳欣一起過慢而精緻的生活,沒有了往日的匆忙、焦躁,作息規律且健康,整個人顯得更加地輕盈和快樂。

說實話,她活成了我最羨慕的樣子,經歷了風雨過後擁有坦然、自得、悠然的生活態度。與其說她被老公寵成了公主,不如說她活成了女王,吸引了屬於自己的國王。

從佳欣那裡回來後,我也開始更加自律,按時吃飯、睡覺、讀書、健身,但因為工作原因,只堅持了一段時間,就開始沒日沒夜地工作、熬夜、不按時吃飯,熬到自己頸椎病嚴重,得了化膿性闌尾炎,被逼回家休養。

其實我知道,工作忙都是自己的藉口,不夠自律其實就是自己懶,不夠愛自己;其實所謂迷茫,不過是自己想要的欲望不夠強烈或是痛苦不夠深。

2019 年之前,雖然佳欣在香港,我在北京,但我們彼此牽掛。有時她會飛到北京,我們一起在家做美食,有時候我也會飛到香港,跟她找一個茶餐廳,一坐就是一整天。我們從當初外人眼裡的「壞女孩」變成了外人眼裡「幸福美好」的代名詞。

但只有我們自己知道，我們背後經歷了什麼，也只有我們知道，我們從未在乎過外界的聲音，一直在自己想要的路上奔跑著、努力著。

　　我跟佳欣的最後一次約會，停在了 2019 的夏天，她的生命也於 2021 年走到了終點，我們之間的故事會陪伴我度過往後的生活。願我們好好珍惜當下擁有的一切。

比起時間管理，我們更需要精力管理。

　　你喜歡吃草莓，會毫不猶豫地買下它。如果你不喜歡吃香蕉，可能你猶豫之後也會買下它，因為香蕉可以為大腦製造一種化學成分──血清素，這種物質能刺激人體神經系統，給人帶來歡樂、平靜以及睡眠的信號。從這些小細節就可以看出，**喜歡是單純的，不喜歡才會權衡利弊。**人生中的很多決定，在你猶豫的那一瞬間，**其實就已經做出了選擇！**

　　現實中，我們做所有的選擇都喜歡權衡利弊，按重要程度排序。究其本質，其實就是精力管理。

　　由於工作原因，我需要長時間、高強度地出差，尤其今年，兩天一個城市或者一天兩個城市是常態。在工作之餘，我還能抽

時間去當地的書店和特色餐廳打卡。所以很多朋友都很好奇，我如何同時兼顧工作和生活？

其實，這一切都源於我只做精力管理，而從來不做時間管理。

在中等專職學校的第二年，我開始進入幼稚園實習，做助教。那時的我跟大多數初入社會的新人一樣很普通：學歷普通，長相普通，能力普通。那時的實習，沒有工資，只有 500 塊的生活補助。做助教，每天都有很多瑣碎的小事，每天被呼來喝去，寫課程記錄、處理各種細枝末節的問題。

一無所有的時候，只有時間。家世、學歷不夠，只能不斷努力。為此，我幾乎謝絕了所有的社交和娛樂，那段時間的生活常態是每天拼命工作，熬夜加班之餘，努力學習舞蹈、鋼琴，讀書。

後來，我自己開始創業，經常忙得日夜顛倒。其間更是充分體驗到了生活的百態，人情的冷暖。歲月流逝之後，驀然回首才發現，我們的生活中，最貴的是時間。

因為日夜顛倒，我患上了嚴重胃病。趕上特別忙的時候，為了不耽誤開會、趕方案，甚至需要吃雙倍劑量的止痛藥來緩解疼痛。在一次 200 人的內訓時，我胃疼到幾乎失去知覺。終於，我兩眼一花，暈倒了。我「華麗」地成了第一個暈倒在講臺上的主講人。

醒來後，才發現自己已經昏睡了十幾個小時，炫目的暖胃燈

下,我開始懷疑自己。為什麼我這麼努力,時間還是不夠用?我既想要工作好,也想要身體好,難道就沒有兩全其美的方法嗎?

好友從千里之外飛來醫院看我,他在關心之餘說了一句話:「你每天是很忙,很累,但是像一個無頭蒼蠅一樣做事,又有什麼用呢?」

好友的話雖刺耳,但真的把我點醒了。**「長時間無節制地工作」絕不是什麼靈丹妙藥,是黔驢技窮時的低劣玩法**。即使再忙,也不能將一天變成 25 小時。**戰術上的無效勤奮,是因為戰略上的無能**。不懂精力管理,不過是使蠻勁兒。

於是,我開始翻閱大量的時間管理書籍,研究各種精力管理方法,一邊學習一邊在工作中實踐。

學會分清工作重點,不再眉毛鬍子一把抓,低效忙碌;學會戰勝拖延症,懂得小步累進,不再為了趕工而通宵熬夜,正常作息和三餐營養;學會了如何在高壓和焦慮下分配自己的時間和精力,更輕鬆地工作;懂得越早規劃越能掌握主動權,每天提前一個小時起床,吃早餐,收拾自己,提前在腦子裡預演各種可能,從而獲得工作的從容感;懂得碎片時間蘊含的巨大價值,見縫插針地學習。

而且,我還規定自己每天晚上 11 點必須入睡,早上 6 點起

床,做好一天的工作計畫。

不到半年,不僅我的胃病好得差不多了,工作能力也有了突飛猛進的增長。

外人看來,我真的是很走「運」。但我心裡清楚,這些他們看見的光鮮亮麗的背後,有我在無數深夜的淚水和無數次放棄的想法。

真正的精力管理,是選擇也是放棄。

由於工作原因,我需要長期穿梭在各大城市,在各大城市酒店住的時間比在家裡更多。好友曾經問我:「如今這樣的生活是你想要的嗎?」

是的,這是我曾經想要的生活,雖然偶爾會有些疲倦,但從未後悔。

這 10 年來的經歷,人生的各種不安、彷徨、無措,讓我更加懂得淡然自如地把控自己,從時間到精力,再到情緒。明白如何做精力管理,讓自己的工作和生活更加高效,所以即便是在出差,我也堅持寫作、看書。

2022 年,克服了抑鬱症之後,我重新調整了自己的生活節奏和工作,慢慢退居幕後工作,更多關注自己身體和心靈的成長,從容地享受工作和生活。或許,這就是所謂的命運轉捩點。

現在的我，每天除了兩個小時的工作以外，都在用心生活。**我之所以能夠把生活和工作都經營得很好，主要是我用心對待當下的事情和人，最重要的事情只有一件，每天只精準去完成一個目標，其他都是順帶的常規操作；不多花時間在糾結、不安上，當面對要不要的選擇時，一律不要**，因為篤定舒適，不會存在選擇；**也不胡亂浪費精力，無法達成共識的人和事，一律微笑面對，不執念、不說教、不爭論也不在乎。**

精力管理可以讓我們的時間更高效，內核充實可以使情緒穩定，這樣整個人就會能量滿滿，快樂加倍。

有人說，作為一個女孩子，可以不需要那麼努力和拼命。但是，我的努力只是為了儘量讓自己的人生不留遺憾而已。

身為女性，嫁了人，結了婚，有了孩子，就會面臨在家庭、孩子和工作之間的選擇，不管怎麼選擇，女性的犧牲都很大。我想說的是，職場和媽媽，本身就是兩個角色。每個角色都很重要，關鍵要清楚自己想要什麼，也就知道該如何選擇了。

對我而言，愛一個人無非就是願意付出自己最稀少的資源：

貧窮時的錢，繁忙時的時間，眾多選擇時的唯一。

這也是我多年來最大的心得，學會把控自己，不僅僅只是管理時間、精力、欲望，還有管理自己的人生目標。

想清楚要什麼，然後把它們都變成最重要的事，這些事情就會像海綿一樣，把時間吸收進來，我們自然就能擁有時間，打造我們想要的生活。

你精力管理的能力，決定你的未來。

精力管理，就是管理自己的人生；把控自己的精力，就是在創造自己的人生。

現在的我，有了更多和自己相處的時間，有更好的自控力，也會經常受邀給一些公司做分享。分享過程中，發現許多人都跟當初的我一樣，都有時間的煩惱：熬夜晚睡，總感覺時間不夠用，事情做不完；總是愛拖延，結果被事情壓得喘不過氣；工作容易分心，效率低下；制訂一長串的計畫，真正執行的沒有幾個⋯⋯每次聽到同事、朋友向我抱怨沒時間時，我就很想告訴他們：不要把時間當成敵人。

時間應該是能幫每個人獲得自由的盟友，是每個普通人最忠誠的守護神。只要用對時間，它一定會給你一個想要的未來。

我只不過是既要自己喜歡的生活，又要工作的普通人，如果我都辦得到，那麼你也可以！

願我們一起，在時間裡，收穫你該有的、幸福的模樣。願時光給予我們最好的生活，讓自己蛻變成喜歡的樣子。

如今的你,是當初自己喜歡的樣子嗎

　　你有沒有想像過,如果時光可以重來,你會選擇怎樣的人生?如今的你,還是當初喜歡的樣子嗎?現在的生活是你當初期待的嗎?

　　相信每個人的答案都不盡相同。

　　無論如何,生活都是自己所選擇的。我們三五年前的決定和選擇,成就了今天的我們,而當下的我們,造就了多年後的我們。多年前的我們,是否在夢中預想過此刻自己在哪裡?過著什麼樣的生活?身邊都有哪些人?心裡愛著什麼樣的人?

　　我們姑且把這個叫作期望、目標,抑或是夢想。

　　多年前的我,看著影視劇裡的那些穿著職業裝、高跟鞋,在

舞臺上發光發亮的人物很漂亮，很有氣質，期望長大後成為那樣的人。嚮往那些可以去不同城市工作，以及在不同城市的酒店穿梭的身影。所以，年少的我把那樣的生活當成了目標和夢想。

當我如願成了經常穿梭在各個城市機場和酒店的人，穿上了喜歡的職業裝、高跟鞋，站到了舞臺上之後，卻開始厭惡曾經夢想的生活了。

曾經只想在各地飛馳過就好，卻從未想過一天需要輾轉五座城市，在機場、高鐵吃速食的時間遠多過在餐廳，甚至將肯德基吃到反胃。

曾經羨慕那些可以出入不同城市五星級酒店的人，卻從未想過這樣的生活會變成常態。很長一段時間裡，早上醒來問自己的第一個問題就是：「我在哪裡？在哪個酒店？」

好像過上了自己曾經想要的生活，得到了自己曾經想要的一切，但回首時，卻發現自己其實並沒有多麼快樂、幸福。為什麼會這樣？究其根源，是初心沒有了。在追求的路上，我們忘記了曾經的自己為什麼追求這些，只有一直要追求的那個目標和結果。

還好我在向前的路上一直堅持著，遇見的很多人，幫助我重新找回了那份初心。

一定要遵從內心，不違心，用自己喜歡的方式生活。但這句話並不是鼓勵不顧後果的任性，而是有前提的。**前提是我們可能要花費大量的時間去做自己不喜歡的事情，才可以讓我們有足夠的實力去做想做的事情，過想過的生活。這是生活的常態。**

　　無論是生活方式、工作，還是愛情，都是如此。想要任性地選擇自己喜歡的一切，愛任何一個想愛的人，用自己喜歡的方式去生活，就必須要有一段蟄伏的時間。在這段時間裡，我們會做不喜歡的事情、不喜歡的工作，經歷不屬於自己的人。

　　命運是很公平的，那些看似光鮮亮麗、不需要絲毫努力就可以活得優雅的人，一定會在其他人看不到的地方默默努力，忍受一般人無法忍受的委屈和汗水。

　　如今的我，知道自己想要成為什麼樣的人，知道自己要什麼，知道怎麼得到想要的東西。

　　從前不回頭，餘生不將就，如此便好⋯⋯

　　願內心篤定，餘生不爭；即使寂寥，也有驕傲。一切如浮雲飄過，心若簡靜，盡享人間所有清歡。

我們仰望燈塔的時候，也會成為別人的燈塔

　　我們總是會先通過喜歡某一個人，喜歡做某一件事，以此來喜歡自己。等到真正成熟的階段後，會先喜歡上自己，再因此去喜歡某一個人，去喜歡做某一件事。

　　這兩種「喜歡」之間的差距，是不一樣的，階段也是不一樣的。

　　前一種「喜歡」是由外向內的喜歡，後一種「喜歡」是由內向外的喜歡；前一種「喜歡」往往短暫且膚淺，後一種「喜歡」卻長久且深厚；前一種「喜歡」需要互相喜歡，需要從喜歡之中得到回報，後一種「喜歡」卻純粹且乾淨，「喜歡」本身就是一種回報；前一種「喜歡」往往是苦樂參半，後一種「喜歡」卻只

帶給人成長和喜悅。

後一種「喜歡」這麼美好而熱烈。偏偏，如果不去經歷前一種「喜歡」，根本就無法抵達後一種「喜歡」。萬物都需要歷經歲月的洗禮才能抵達成熟，這也是生活的可愛之處。我們會在不同階段去擁有不同的喜歡，也會遇見不同階段的自己。

如果你當下無法由內而外地喜歡自己，向外的喜歡也成了委屈，那不如考慮尋找下一個努力的目標或者榜樣，去追求更好的自己。

如同很多「粉絲圈」女孩們，其實是給自己一個榜樣，不用猜疑對方的心思或是期待給予自己什麼回報，就是單純地欣賞偶像的各個方面，期待偶像慢慢變得更優秀，在感受到偶像優秀魅力的同時，自己也可以擁有一種快樂的生活方式。

2022 年的夏天，我關注和喜歡上了一個「95 後」偶像男團組合，被他們一路走來的故事和經歷感染和影響，這讓我的生活有了很多美好的變化。

因為走進了「粉絲圈」女孩兒們的生活，看見和瞭解了她們的生命狀態和生活方式，體驗了很多熱烈的感受和驚喜。因為欣賞，我有了新夢想和新領域的追求。在他們不同人的身上看到了來自不同生命之間的影響和改變的力量。當生命影響生命時，就會發現，

在仰望燈塔的時候，也有人把獨立的、完整的自己當成燈塔般關注著、喜歡著。當身邊在娛樂圈的朋友知道我開始關注這個組合時，都很驚訝，因為我從未借朋友之便去要他們的專輯或者簽名照片。因為「由內向外地喜歡」階段，是只跟自己內在成長有關的喜歡，同時會明確保持距離，即使喜歡也不一定要靠近。

「由內向外地喜歡」帶給人的價值和啟迪是非凡的。喜歡一個人，喜歡某一件物品，喜歡做某一件事，皆代表著自己嚮往的某一種狀態下的自己，代表著自己需要獲得的某一種新的人生體驗。這些都在啟迪我們的人生方向，告訴自己，如果目前無法依靠自己去抵達這樣的人生狀態，就可以假借另一個人的人生狀態，去成為喜歡的自己。

對他們的關注，源於他們十三個人互相的影響和陪伴，也有他們各自對夢想的堅持，對舞臺的熱愛，以及對粉絲支持的雙向奔赴。雖然他們也都逃不開外界各種褒貶不一的評價和質疑，但作為成年人的我，對他們的感受也只是個人欣賞，我可以選擇對自己有利而快樂的角度去觀察和感受。

最開始關注他們，源於偶然刷到組合的兩個「中國」成員，小八和俊輝。之後我帶著好奇走進這個組合，又被他們的追逐夢想和努力奮鬥的生命狀態所激勵和感動著。夢想會讓我們找到人

生的意義，擁有能夠陪伴彼此、實現夢想的人，更是一種幸運。在他們所有的詞曲裡，我最喜歡：「請連我們最隱秘的悲傷也一起去愛吧，這世界不算太糟糕。此刻你原本的樣子，便是最珍貴的存在。用這突然長大的外表，明天也像孩子一樣生活。」

粉絲和各種報導都在說他們始於地下室卻將高樓築起的不易與辛苦，在我看來，他們在僅有一次的人生裡，因為遇見彼此和陪伴彼此，有對夢想的堅持與熱愛，從黑夜走到白天，從傾盆大雨到彩虹盛世，擁有最好的青春年華和最美好的人生體驗，才是幸運和難得的存在。

他們所有人都把團隊利益看得高於個人成就，所有人的青春都是彼此，那些難忘的回憶、對於未來無限的期待以及今天的美好都屬於彼此。他們用各自的生命，影響和陪伴著對方，也完整了彼此的青春歲月和人生體驗。

其實，他們中的每個人都脆弱而敏感，明明都是需要保護的物件，卻又彼此守護，強大而溫柔地用自己的方式守護著團隊和自己的夢想。

看過他們的演唱會舞臺、出道後的綜藝、採訪節目，以及在練習室裡不停地練習舞蹈的視頻。因為高強度的演出，團隊裡的成員甚至需要吸氧。每一種付出都會被看見，而帶著熱愛就會在

那些不美好的歲月裡，能夠依舊堅持並全力以赴地面對生活。

祝福最好的他們，也願每一個為夢想努力奮鬥和用心生活的人都能遇見愛和溫暖。願每個有愛的你，人間這一遭，圓滿了三界六道，看過了是非哭笑，從此天涯海角，皆是逍遙。

很多偶像或者榜樣，他們或許不認識粉絲，但粉絲們會因為他們的存在而變得更加優秀和美好，這也是榜樣的價值和力量，以及偶像與粉絲之間因為愛與被愛的雙向奔赴。

偶像能被那麼多人喜歡，也是因為喜歡他們的人都期待和向往著有一天能夠成為發光發亮的人，所以無數的追星男孩女孩，勇敢地去做你自己吧，讓自己變得更好的同時，去大膽而自由地喜歡這個世界吧。

2022年的夏天，我在這十三個弟弟身上感受到了生命的美好，變得更加有力量，從而想要去成為一個更好的自己，去擁抱和感受世界更多的美好。

在你仰望著燈塔的時候，也有人把你當成燈塔。祝願每一個追星男孩女孩都能夠在各自喜歡的榜樣身上，看見光源，感受到力量，學會愛自己，堅持自己喜歡的一切，成為更好的自己；也因為被熱愛的人照亮和溫暖、引領和陪伴，去成為別人的燈塔，也帶給別人力量和溫暖，唯愛與快樂共創美好未來。

我們終將在各自的世界裡學會告別

　　個體的死亡不是終點，生命永不終結。當我們有勇氣面對死亡時，就會真正明白生的意義和活著的價值。死亡也從來都不是生命的終結，而是另一種生命的延續。

　　在我們國人的觀念裡，整體生命是兩條線：一條是對生命延續的盼望，一條是對於過去歲月的記憶和思念──兩者是平行的河流。於是，在我們的理念中，死後境界是死前生活的延續；生前具有的一些人際關係，在死後照舊延續。**這兩條平行線就是生命和死亡，將現在與過去交織在一起，二者永遠平行卻糾纏不斷。**

　　民間也有種說法：離開的人，在這個世界的生活會延續到另外一個世界。所以我們總會在故去的家人墓前嘮嘮叨叨，「爺爺，

奶奶，我來看你了」「吃飯了嗎」「最近過得好不好」。這是相信，他們在另外一個世界裡是能夠聽得見、感應到這份來自血緣傳承的愛。

有人說，父母是隔在我們和死亡之間的簾子。當父母在時，我們和死亡好像隔著什麼，沒有什麼切身感受。事實上，不用等到父母過世，我們就會直面死亡。那些親戚、朋友、鄰居，他們去世對我們的衝擊，也是直接且巨大的。

我五六歲時參加了記憶中的第一次葬禮，上午還是笑著打招呼的鄰居，晚上就被置於冰冷的木板之上，周遭的哭聲充斥在耳邊，隨著一步步的儀式，之後蓋棺，最後埋進土裡。

在那之後很長的一段時間裡，我常常刻意回避關於死亡的話題，刻意不再參加葬禮。真正有勇氣面對死亡，是在10年後爺爺的葬禮上。

我至今依然清晰地記得那天我所有的情緒。那天我被二姊急促地帶出學校，五六個小時之後回到鄉下老家，在家附近就能夠感受到家裡人潮湧動，二姐比我先一步走到屋裡跪下，而後是一輪一輪的哭喊聲。

那時，我才後知後覺地知道，那個會對著我笑，哄著我，總是小心翼翼地愛著我的爺爺走了。看著他安靜地躺在屋子的中

央,恍惚迷離之間,我做不出任何反應,之後耳邊傳來「爸爸」「爺爺」「大哥」「伯伯」「外公」的哭喊聲,我只是跪下,眼淚悄無聲息地往下流。

　　為了讓離開的人靈魂得以安息,老家有很多民俗儀式,萬幸我的家族沒有依照常規習俗「女孩子」不能守靈守夜。我跟哥哥、表弟一起完成了葬禮所有流程。那些天,所有人忙著各自的事情時,都眼含淚水,只有我並沒有太大的情緒。在村裡很多人看來,作為爺爺生前最寵愛的孫女,我的平靜顯得有些冷漠。

　　幾天後的告別儀式上,按照習俗走完了告別流程,在出發去墓地之前的蓋館儀式中,我摸著爺爺仿佛還有溫度的手,跟他說,去另外一個世界換我回饋他,爺爺愛著的一切,由我來守護。墓地距離家走路大約需要半個小時,送葬的親屬手握白綾,跟隨著隊伍,親人的一聲聲呼喊,突然將我連續幾天的無助、不安和掙紮具象了出來,瞬間淚如雨下。

　　時至今日,爺爺的愛也從未離開過我的世界。兒時,他對我無條件的愛、堅定不移的選擇,無時無刻不在溫暖我。

　　2020年的春節,我因為特殊情況不得不滯留在煙臺過節,錯過了跟奶奶的最後一個春節。等我五月份回到家時,已經是晚上9點多了,但奶奶還是看著我吃完飯之後才回到房間睡覺。之後

的 5 天裡，奶奶的精神一天不如一天，從能夠自己動手吃飯到無法進食，從健步如飛走到無法行走。奶奶在最後時光裡，她為之付出了一生的「孩子們」都在身邊。她最後也在最愛的兒子懷裡告別了這個世界。

奶奶的離開，對於我們來說，很意外也很無奈。鄰居說，奶奶走得很安詳，沒有吃過什麼病痛的苦，是幸運的。

奶奶走後的幾天，家裡所有人路過那個掛著爺爺奶奶黑白照片的祖先牌位時，總會下意識地停下來，跟她說說話。所有家人好像都默認，奶奶其實沒有離開。這大概是我們中國人共有的表達方式，也是我們獨有的來自血緣延續的真情實感。

我在陪伴奶奶走完生命最後的過程中，仿佛回到了 10 年前，彌補了未能陪伴爺爺最後時光的遺憾。在安頓好奶奶後事之後，我才真正有勇氣面對死亡。

從第一次意識到鄰居的死亡開始思考死亡，到親自送走最愛的爺爺、王先生、奶奶和佳欣。**如今的我，在一次次告別親近的人之後，對生活越來越平和，對生命越來越敬畏。**

那些先行一步逝去的生命，其實並未消散。2020 年告別奶奶之後，我簽署了《遺體捐獻書》，這是勇敢面對死亡的告別和延續生命的方式。

僅有一次的人生，所有人都終會歸於塵土，而我選擇用「遺體捐獻」的方式延續生命。**「死亡」會摧毀肉體，「愛與回憶」會長存於世。**

願先行一步的人們，在各自的世界裡自由自在，幸福美好。留下來的人們也平安喜樂，安然無恙。

CHAPTER 04

希望日子安穩且充實，被喜歡的事情填滿

給自己一點時間，允許一切發生

在生活裡，同行的人，比風景更重要。很多時候，同行的人，其實就是我們身邊最美好的風景。

我們這一生遇見的朋友，有時候會是治癒和救贖我們的良藥。而我身邊也有一個這樣的她，在 2022 年的夏天，她令我更接近真實的自己，並全然接納自己的存在。溫柔而堅定的她，經過歲月的沉澱，用她溫暖且炙熱的心，治癒和救贖了很多人。我們因為對傳統文化的共同熱愛而相熟，因為互補而相惜。我們會彼此分享發生的小事和感悟，一起看劇、看書分享不同角度看見的世界。

她就是惠姐。於我而言，她是貼心溫暖的姐姐，是亦師亦友

的知己,更是能夠示弱避風的港灣。惠姐是我兒時就想成為的那種人,自小在有愛而富足的家庭長大,進入最好的大學,學了自己喜歡的播音主持專業。後來成為記者、配音演員,嫁給年少時的愛情,擁有幸福美滿的家庭生活,有一雙可愛的兒女,有自己喜歡的生活方式。如今,惠姐自由自在、隨性灑脫地生活著。

擁有如今淡然而美好的當下,她的經歷和感悟很多,就像她會說:「每個人來到這個世界都有他的功課,各人有各人的修行,我們都需要各自完成。」是的,一切遇見和發生,都有它的安排和因果。只需要慢慢遇見、慢慢感受、好好體驗就好。

當我用盡全力、無微不至地照顧身邊人時,惠姐會溫柔地提醒我:「要對自己好一點兒,更好地照顧自己。」

當我每天都在努力綻放開心的笑臉時,她會說:「喜怒哀樂都是自然的情緒呀,你要允許一切情緒出現。」

當身邊有人執著於一些往事時,她會說:「只有放下過去,才能迎接更好的明天。」

在惠姐身上,我看見了另外一種生活和思維方式:**真誠的第一要務是面對自己的內心要足夠真實,接納和允許一切發生**。惠姐讓我認識到了自己的另一面,更誠實地接納自己和允許自己情緒的發生。就如同莫言在《晚熟的人》裡寫道:「人只有知道自

己無知後，才能從骨子裡謙和起來，不再恃才傲物，不再咄咄逼人。」所以說人總是越活越平和，我們稱之為成長。成長就是慢慢地像尊重自己一樣尊重他人，承認自己的無知不等於否定自己，而是為了改善自己。

是的，我們成長的軌跡大概都會如此，因為一些人、一些事而更加成熟。年輕的時候，心是向外生長的，向外求認同，向外尋感受，向外去比較，向外找樂子，向外去愛人。體驗生活之後，就知道向外行不通，得向內去尋求，內外平衡兼修，向內愛自己。經歷過歲月之後，基本上就不再向外了，只求向內發現，自己造多大的屋簷，躲多大的雨，冷暖自知。

每個人的思維方式不一樣，所以看法不同不必爭論；每個人對人生的追求不一樣，所以價值觀不同，不必強求；每個人對自由的理解不一樣，所以不必糾結是非對錯；每個人對自己人生負責任的方法不一樣，所以過好自己的生活就好，外界的聲音儘量遮罩；每個人想要成為的自己不一樣，所以專注內在的平靜，而非外界的喧囂……

作為香文化的傳播者，惠姐說：「香修不止於香品的修習，更是人格的淬煉。我們在不斷的反省中蛻變自己，以香為載體觀摩自己、觀察自然，與自然對話、與眾生對話、與自己對話……

回到生活中,那種對內心情緒以及深層人性弱點的洞察,讓我們開啟了人生的覺察,這不僅是香修在生活中的演練,更是一種生命的覺醒。」

　　生命本是一團氣,包裹了你走過的路、讀過的書、經歷的事,散發著獨特的味道。這團氣亦是香氣本身,至於人對香路的探尋與追求亦是對生命正氣的堅持。一路追尋著香氣,為更多靈魂打造內心的養心殿,讓每一顆迷失的心有處可依,在這片香氣四溢的吉祥海中,海闊天空,風平浪靜。

做內心強大的女人

我們這一生遇見的所有人,都是緣分與命運的安排。有人為陪伴而來,有人為回饋而生,也有人只為遇見,無論驚鴻一瞥還是一眼萬年,都值得歡喜。

這是一個關於愛的故事,是一個有愛的人創造的故事。我跟然姐的初識,是通過網路。初見,源於承諾。相識,源於命中注定的緣分,相知、相交源於彼此心中那一份善良和對生活的熱愛。

我們是彼此生命裡最特別的存在,是沒有血緣關係的親人,是閨密,是並肩作戰、志同道合的姐妹。然姐柔軟裡透著堅強,那種對生活的熱愛、對事業的執著、對家人的愛意、對團隊的責任,都於點滴的小細節中展露無遺。

於我而言，然姐是如同家人般溫暖的存在。無論開心還是悲傷，我們會第一時間想要跟彼此分享。每次我把自己的不安和壓力跟她分享，她總能給我不一樣的安慰。聽她說話，仿佛看見了烏雲背後的彩虹般讓人感到幸福和美好。

你以為這是然姐全部的好嗎？不是，這只是她千分之一的美好。她熱情、樂觀、堅強、自信，一切美好的詞語都不足以形容她。這個有著兩個孩子的母親，整個人的狀態看起來好極了。我們在一起時，她像極了一個鄰家小姐姐。

如今的然姐，絕對是外人眼裡的人生贏家，有穩定的事業，愛自己勝過愛別人，活成了無數女人期待和喜歡的樣子。關於生活，然姐有兩個可愛的女兒。關於事業，然姐有自己喜歡且堅持的事業，做著自己喜歡的事情。

在我看來，如今的然姐，是在過往的經歷中練就了強大的內心，懂得了如何去愛。因為內心強大的女人不會在乎外界的壓力，不會在乎什麼樣的人在她的生命裡來了又去。做內心強大的女人，讓自己始終在路上。因為人生有太多回憶讓我們忘卻不了，總有一些記憶在提醒我們它的存在。但是內心強大的人，即使傷痕累累，也可以繼續自己的腳步。

從生活上講，一個女人的生活圈子有限。很多女人在家庭主

婦的位置上，以家庭為核心，圍繞著丈夫和孩子，每天面對的都是自己的家人。做內心強大的女人，除了家庭，我們還需要有自己的生活圈子。即使是一朵嬌豔的玫瑰，也需要在陽光下呼吸新鮮空氣。當你有自己的圈子後，你就會慢慢地發現：其實你是那麼有魅力、那麼強大，強大到整個家庭都會依賴你，世界都會因為你而充滿活力和溫暖。

無論是在生活上、事業上，還是在愛情上，做內心強大的女人，都能夠讓你在生活的嘈雜中，淡定而優雅地生活。而愛是我們通往內心強大這條路最快速，也是最簡單的一條捷徑。所以，從今天開始，我們要一起做一個為愛自己而活的女人。

願我們都擁有接受一切發生的心態。如此，諸事皆圓滿，生活常喜樂。

世界很喧囂，做自己就好

一個認識多年的朋友笑笑，知道我又準備出新書，發資訊給我說很羨慕我，羨慕我有自己為之努力的事業，無論外界聲音如何，都過著自己喜歡的生活，說她如果能夠像我一樣就好了。

笑笑說：「我好像一直都在按照父母的安排生活，從讀什麼學校，學什麼專業，做什麼工作，人生好像沒有什麼起伏，也總是波瀾不驚。導致我之後在感情裡，也成了被安排和支配的那一個。而後所有的掙紮和無奈都好像在告訴我，就是因為前半生太順利和平坦，才讓我在之後的感情裡，受那麼多苦。」

我回覆：「其實我們每個人都在體驗不同的生活，你擁有的幸福是很多人求之不得的。」比如，我曾經也羨慕過笑笑的人生。

2015年的那個夏天,我剛到北京,認識了北京女孩笑笑,她是我至今還有聯繫的朋友。第一次見到她時,她穿著粉色的套裝,頭髮長長的,在彈鋼琴。聽朋友說,笑笑琴棋書畫無一不通,是在電視裡面才能看見的有錢人家的大小姐形象。當時初到北京追夢的我,面對笑笑,有了被無限放大的自卑感。

晚上我們一起去吃飯,我才發現原來笑笑性格直爽、大大咧咧。背著父母,她喜歡賽車,喜歡喝酒。她說:「平時自己在家人面前總是需要乖巧,被教導得像個大家閨秀,只有在賽車時,才能感受到自己鮮活的生命,而不是按照父母意願打造出來的玻璃娃娃。」那時的我,無比羨慕她,甚至幻想過如果擁有她的人生該多好。而後我才明白,所有美好的禮物,都有代價。

2015年我們認識的時候,笑笑已經在國外上了8年學。我們認識的那一天,正好她回國看父母。大概因為我無比羨慕她的人生,我們經常聊天,而後成了無話不談的朋友。笑笑會告訴我她在國外遇到的好玩的事情,而我會告訴她我身邊充滿煙火氣的日常生活。我們就像活在兩個不同世界的人,交換著彼此世界裡的故事。

這些年,我知道笑笑所有的風光背後父母的束縛和她自身天性之間的拉扯,以及在感情裡每一段關係都被控制,甚至被家暴

的狼狽。笑笑自小按照家人的期待生活，從來不敢真實地表達感情，這讓她容易被感情所支配，恐懼感情，這樣的恐懼伴隨了她很長一段時間。而她也瞭解我所有階段的成長。我們都見證和陪伴了彼此那些光鮮亮麗背後所有不為人知的隱秘角落。

2021年，笑笑在巴黎結婚了。在巴黎的城堡裡，在家人的祝福下，她嫁給了學生時代喜歡的那個人。笑笑從家世到婚姻都是無數人羨慕的物件，而像笑笑這樣在大多數人眼裡典型的人生贏家，也有不為人知的過去。甚至，她也會羨慕我這樣簡單而普通的人生。

我們或許都曾經在人生路上，努力活成了別人羨慕的樣子。當別人羨慕我們時，我們也在羨慕著別人。

認識笑笑之後，我更加明白，沒有哪一種人生可以被我們定義為幸福或不幸福。因為，每一種人生都有它的精彩和存在的意義。就像玻璃和鑽石，它們都有各自的價值。我們無論選擇哪種生活，無論過著哪種人生，都沒有對錯。

有時候當你站在高處，被很多人羨慕，有過所謂的成功的時候，或許你最想要的就是簡簡單單地回到樓下看看風景。這也是為什麼我們常常在橋上看風景，卻不知道，風景裡的人也在羨慕我們。

當然,生活很公平,若我們想要站在高處,就必須承擔高處的寒風。

重要的是,我們最終想要成為什麼樣的人,過什麼樣的人生。我們每一個人都是一個不同的器皿,裝著不盡相同的人生。無關對錯,回首過往,笑看人生,如此安好。

人生的每一種選擇，都是最好的安排

什麼都可能經歷，什麼都會過去，往後餘生，來者不懼，去者隨意。所得，所不得，皆不如心安理得。當你站在十字路口時，每一種選擇都是最好的安排。

2021年的春天，我有了一個可以引領孩子成長的亦父亦母的新身份。一直在努力適應新的角色，從些許的不安和擔憂，到如今的遊刃有餘。坦然接受外界對我的質疑，並甘之如飴。我在享受新身份的同時，變得更加快樂、有力量。

「女性如何平衡家庭與事業」這個話題一直都有人熱議，無論事業女性還是全職媽媽，其實都不容易，不同的是每個人獲得價值感的途徑不同。

有的女性需要在事業中去獲得自己的價值感，或者換一種說法，她們必須選擇先經營自己的事業而後才能有家庭生活，如果不是被生活所迫，不會選擇走上創業的路；另外一類女性，她們在家庭的需要感裡獲得價值感，對於她們而言，家庭的重要性跟個人價值感畫等號；而那些一邊做事業一邊家庭又很幸福的女性，大致都有一個背後支持她們的家庭。

在帶孩子的那半年，總有人問我如何在帶孩子的同時平衡事業。其實對於我而言，平衡不過是不同階段的取捨。

我在適應新身份的同時，感受著另一種人生，也對生活和生命有了更深的理解。很幸運能以這種方式陪伴一個生命成長，與我而言，幸福多過負擔。因為大兒子的陪伴，我可以名正言順地拒絕很多不想參加的社交，順理成章地拒絕不想應付的約會，快速結束一場不那麼愉快的見面或工作，因為我要回家陪孩子，接孩子放學！

大兒子的出現，讓我從兒童心理學的理論者成為一個實踐者，讓我體驗了另外一種人生，更為我的寫作素材提供了無數內容。那些在陪伴他的夜晚寫下的作品，以及重新對於人生、工作的梳理和調整，都讓我十分欣喜。

如果說前 10 年的選擇思維和獨立意識構建了我心靈和靈魂

的自由，從而讓我可以自由地選擇和把控生活。對於如今的身份，孩子的存在，讓我在獨立生活的同時多了一份溫暖和細膩，也讓我有了更多對事業的熱愛，只為給孩子更好的生活。自由任性的我，在任何一個城市都可以獨立生活的我，開始有了牽掛。

　　我除了給予他健康無憂的童年生活，以及與世界和而不同的自由，還在學習如何給他安全感，重塑和保護他的內心。

　　大兒子的存在對於我來說，是一種回歸和治癒，我在陪伴他的過程中治癒了自己。他在學校，我在工作，回家之後我們彼此照顧，我給他做飯，他為我收拾碗筷、倒垃圾。除了工作日，周末出門玩耍，他去遊樂園，我去書店，他自由玩耍，而我可以盡情地看我的書，寫我的文章。結束之後我們回家吃飯，他畫畫，我看書。他自己會洗澡，然後上床睡覺。這些點滴都是我們生活裡每天一直發生的。

　　當然，我所在的城市—貴州，節奏並沒有北京那麼快，2021年也確實沒有那麼多工作。所謂平衡，也有取捨。

　　平衡事業與家庭，本質上是我們在不同時期對於自我價值的取捨。無論事業還是家庭，選擇後甘之如飴就是最好的生活方式。我們在不同階段裡的取捨，才是生活本來的樣子，願你我都對選擇甘之如飴，奔赴美好的人生！

追光的人,坦蕩且明朗

　　人生三大遺憾:不會選擇,不斷選擇,不堅持選擇。我們的生活都困在這反復的選擇中,堅持已經十分不易,堅持初心更不易。小時候的你,想像過自己未來的人生嗎?你終將成為什麼樣的人?過上什麼樣的生活?嫁一個什麼樣的人?有一個什麼樣的家庭?

　　大多數女孩子心中都有一個公主夢,或者也曾夢想過長大後要嫁給軍人,兒時的我就是這樣的。好友倩倩就實現了這個夢──嫁了一個軍人,現在定居大城市,有很好的物質生活,有自己喜歡的事業。

　　倩倩跟老公在火車上認識,在緣分的牽引下,確認過眼神之

後,彼此確認對方就是對的人,自此由南到北,開始了她為愛奔走的故事。但再好的愛情,也會被時光磨滅,兒子出生後他們更是矛盾重重。但倩倩知道,他們之間的矛盾源於物質,因為她沒有工作,也沒有收入,所以整個家庭在北京的開銷全部靠老公的津貼。

就在夫妻漸行漸遠、感情臨近破滅之際,出現了轉機。2016年,倩倩趁著自媒體興起的浪潮,開始了一邊帶孩子一邊創業之路。雖然剛開始一個人很辛苦、很累,但她一直在堅持,不曾放棄。生活不會虧待每一個努力的人,倩倩的事業開始越來越好。銷售團隊從一個人發展到幾千人,她也從當初那個需要靠老公養著的小女人,變成了可以讓人依靠的大女人,成為老公的心靈寄託、孩子的榜樣。倩倩的人生因為她的堅持變得精彩而燦爛。

經常聽到這樣一句話:這個世界上最不容易的就是女人,結婚前一個人打拼,結婚後還要照顧孩子和家庭。但是我想說的是,**女人即便做了家庭主婦,也不能丟棄自己的初衷和理想。因為生活不只是眼前的苟且,它還有詩和遠方。**

當女人什麼都沒有,只一心想成為攀附男人的凌霄花(莖部會依附在樹幹上,以氣生根附著,嫩莖再纏繞在樹枝上蔓延。意指依附著別人而活)時,他未必會高看你一眼。但如果你什麼都

有了，什麼都不缺了，他反而會絞盡腦汁地想著怎麼取悅你。只要你自己真正撐起來了，別人無論如何是壓不垮你的。**可是，一旦你為了家庭放棄理想和工作的時候，你就失去了獨立的女性魅力和為自己生活買單的權利。**

所以，每個女人都應該努力工作。只有當你足夠優秀的時候，才不會患得患失。在你為了夢想不斷拼搏的過程中，會漸漸蛻變成一個有品位、有修養、有魅力的現代女性。如果愛情沒了，你不會一無所有，至少還有夢想和事業。

我問倩倩：「這一路走來，遇到困難的時候，你有沒有想過放棄？」

倩倩回答：「說沒有想過放棄也是騙人的。客戶詆毀、不信任自己，一個人帶著孩子打包發貨，一個人深夜跟團隊解決問題，等等，有無數個瞬間我都想放棄。但是自己一個人偷偷地哭完之後，還是會擦乾淚水又繼續幹。**我知道無論婚姻還是人生，都只能靠自己去經營和守護。**」

我們女人的一生，可能像煙花一般絢爛多彩，可能像白紙一般單純潔白，可能像紅酒一般耐人尋味，也可能像白水一般平淡無味。不同的女人擁有不同的人生，不同的性格造就不同的際遇，不同的想法主導不同的生活。但是，不論你是怎樣的性格，擁有

怎樣的思想，不能丟棄的是堅持初心。

人生最痛苦的事情，不是失敗，而是沒有經歷自己想要經歷的一切。所以，任何時候我們都不能放棄自己，哪怕到最後一刻。即使事與願違，至少曾經的努力可以證明我們已經努力過了，堅持過了，無悔！

生活很公平，每個人的一天都是 24 小時，得失成敗全憑自己。堅持初心，嚮往美好，相信愛，期待愛，這樣的女人真是可愛又迷人！

與原生家庭的和解之路

經常聽到這句話:「幸福的人一生都被童年治癒,不幸的人一生都在治癒童年。」

人到底該如何治癒不幸的童年呢?朋友小 A 和小 B 的故事,讓我找到了一點答案。雖然他們的家庭環境同樣糟糕,但他們的人生態度卻截然相反。

小 A 的父親有暴力傾向,但母親卻很少反抗。這種成長環境讓小 A 骨子裡很消極,一遇到問題就自怨自艾,堅信遇到的所有不如意都是因為自己原生家庭過於糟糕。比如和妻子吵架,他不會想辦法溝通解決,而是認為家庭讓我一生都無法建立正常的親密關係,我一輩子也就這樣了。

小 B 的母親患有雙相情感障礙，情緒很不穩定，父親又不負責任，常常在情感上忽視他。但小 B 的性格卻極為樂觀、積極，還通過自己的努力成了律師，婚姻也經營得不錯，對身邊的人有愛且溫柔。雖然小 B 的原生家庭是不幸的，但是他很少埋怨家庭。他覺得，成長經歷雖然給他造成了很大影響，但人生還是在他自己手裡。

原生家庭同樣糟糕的兩個人，最後塑造的人生面貌竟是完全不同，是什麼因素造成這樣的不同呢？一個擺脫原生家庭和過往負面經歷影響的人，做對了什麼？

曾經，小 B 也和小 A 一樣，糟糕無望的家庭環境讓他成為「受害者」，陷入絕望的宿命論中。面對困難，他第一反應就是：我不行，我永遠不行，身處這樣的家庭，我還有什麼希望？

而當小 B 覺醒後，意識到「家庭是無法改變的，唯一能改變的只有自己」。於是，他收起負面情緒，不再看著生病的母親流淚，不再和父親爭辯，也不再與人抱怨，默默地做完該做的事，然後去讀書。之後，他順利讀完高中，努力考上了大學，再讀研，最終成了一名律師。他說：「我會傷心，但不會再過分沉溺於原生家庭帶來的痛苦。因為我人生的目標是未來的可能性，而不是與無法改變的過去鬥個你死我活。」

相反，小 A 因為原生家庭的不幸遭遇，而產生了悲觀的情緒

和信念。習慣性地把失敗的一切因素都推給原生家庭，形成了單一封閉、極端個人化、缺乏同理心等糟糕的心智模式。所以他處理事情的時候愛鑽牛角尖，面對機會慣性逃避，導致生活停滯不前，無法改變命運。

世界上還有很多種可能性。

《你當像鳥飛往你的山》的作者塔拉·韋斯特弗，獲得劍橋大學歷史博士學位，被《時代週刊》評為「年度影響力人物」。但就是這樣一個人的原生家庭，卻比一般人糟糕很多。

塔拉生於山區，17 歲前從未上過學。她有 5 個哥哥，1 個姐姐，是家中最小的孩子。父親患有嚴重的精神障礙，脾氣古怪，認為自己是全家人的掌控者，沒有人可以違背他的意願，固執地不送子女們去上學。塔拉的母親則一味委曲求全，即使知道丈夫思想有問題，仍對丈夫順從。而塔拉的哥哥肖恩，有家暴傾向，曾在大庭廣眾之下對她施加暴行。這樣的家庭環境，給塔拉帶來了無法彌合的傷痕。

塔拉是如何走出來的呢？25 歲時，塔拉麵臨選擇：是回到過去的生活，還是離開家人，找尋機會？在這之前，她的選擇一直是家人。她明白父母的觀念不合理甚至是扭曲，但也期待著他們的認同，渴望著歸屬感和愛。所以才一次次地退讓，一次次地

選擇家人。但她也清醒地意識到，家人可能永遠不會改變，也不會承認自己的錯誤。家庭能帶給她的東西，十分有限且負面，充滿壓抑、困窘和自我懷疑。

後來，她的另一個哥哥泰勒告訴她：「外面有一個世界，一旦爸爸不在你身邊灌輸他的觀點，世界就會看起來大不一樣。」於是塔拉做了一個決定：即使艱難，也要走出家庭，徹底為自己負責。

為此，塔拉擠出時間拼命自學，成了家中第一個上大學的孩子。她的努力讓她有機會接受教育，教育則讓她有機會從被家庭影響的思維範式裡跳出來。

當記者問：「你是從何時起，決定不再遵從父親為你設定的框架而活，去尋找真正的自我？」她答道：「我換了個視角去看待這一切，而不是拘泥於眼下發生的事。如果我的未來註定沒有家人的參與和支援，我寧願選擇先主動離開。」

「認清自己，然後做自己」，這句話不是輕描淡寫的口號，而是混合著血淚的掙扎，需要為之付出代價。這個視角的轉換，就是改變固有心智模式的開端。

美國麻省理工學院教授彼得•聖吉認為：「改善心智模式的過程，從本質上是把鏡子轉向自己。試著看清楚自己的思考與行為如何形成，並嘗試以'新眼睛'獲得新的資訊，以新的方式對其進

行解讀、思考和決策。本質上，這是一個自省、學習、創新和變革的過程。」

我喜歡塔拉，不僅是她足夠勵志，更重要的是她代表的是一種對待人生的全新的思維模式。儘管她在這過程中有諸多糾結，內心也會孤獨，家庭的影響還會繼續。但最起碼，她擁有了屬於自己的人生。

有句話叫：「**認知和格局決定人的一生。**」但遺憾的是，**人們總是傾向於按照最初的認知去創造「現實」**。成長於不健康環境中的孩子，極易被塑造成既定模樣，形成不健康的心智模式，包括二元對立、僵化封閉、情緒化、選擇性失明、非理智等。接著，他們又會不斷吸引和強化自己原有認知的人和事，深陷本應逃離的「認知監獄」。

如此，人一直在惡性循環裡打轉，一生都無法實現自我超越。這時，修正家庭或環境已無太大可能，唯一的方式是—改變自己。真正的超越，未必是簡單地逃離家庭，而是克服那個被錯誤影響的「舊我」。而打破這個舊輪迴，就需克服不健康的心智模式，建立新的心智模式。這樣，才能真正掙脫過往經歷的束縛，得到自我救贖與解放。

為此，在具體的生活中，你可以這樣做：

1. 覺察與反思

多一些自我審視，看看自己是否有「為人生負責」的態度。努力和自己和解，不再和過去較勁、和世界較勁、和自己較勁、和痛苦較勁。自治，是改變心智模式的基礎。

2. 改變固有思維

特別要審視一些定式思維、刻板印象。比如：他那麼有錢，一定是靠別人吧；他那麼幸福，家庭條件一定特別好吧。改變極端、狹隘的思維模式，建立更開放的認知，才有機會擁有更廣闊的視野，構建起更加理性、自信的自我。

3. 持續學習

養成向不同的人、用不同的方式學習的習慣，如讀書、觀影、旅行、體驗新事物等。遇見不同環境、不同經歷、不同個性的人，會讓我們的心態更開放，看到自己世界之外的更多可能性。如蘇格拉底所言：「知道得越多，才知知道得越少。」

4. 通過小事突破自己

改變心智模式並非一蹴而就，而是在一些很小但又不簡單的

挑戰裡得到突破。例如，勇敢在會議上發言，嘗試一個新的專案，看一本理論性很強的心理學書籍，等等。另外，如果受環境影響很大，就嘗試換一個更加積極、開放的環境。人的一生都有機會進行精進與改良。

當你不斷努力建立開放多元的心智模式，以開放的態度看待他人和世界，不故步自封，你會感到內心有股力量升騰而起，讓你不再自我批判，而是尋找並創造新機會。

至此，你就會走入「改變心智模式—改變境遇—進一步修正自己」的正向迴圈。

那些在缺愛的環境中成長，和原生家庭保持適度距離的人，反而更幸福。或許正是在經歷了無數次絕望之後，他們學會了為自己負責，建立了健康的心智模式。想起一個歌手分享過她十幾歲時發現的一個問題：父母真的沒有精力，也沒有意願來管自己。於是，她說出了那句對我影響至深的話：「有一天我突然清醒了，**要是我不打起精神，任誰都不會為我的人生負責啊。即便那個人，是我的父母。從那一刻起，我開始徹底轉變。努力改變，試圖影響或決定自己的命運。**」

願你也能決定自己的命運。世界和我愛著你。

照顧好自己,才是對父母最大的孝順

現在大多數年輕人,總是因為各種原因用命換錢,再拿錢來孝敬父母,在這樣自以為很孝順的迴圈裡兜兜轉轉。但我們誤解了孝順,也誤解了責任。真正的孝順不以錢來衡量,卻必須用生命的長度和陪伴的溫度來保障。

小時候,我們總是追著父母遠去的背影哭泣,肆無忌憚地哭泣,仿佛越大聲越能讓父母多待一點兒時間。漸漸地,角色轉換了。我們在假期回家短暫相聚後離開的時候,父母開始看著兒女們的背影。我們甚至可以清晰地看見媽媽的淚水在眼睛裡打轉,卻連忙轉過身,不讓我們看見。

跟大多數在異地生活、工作的人一樣,我每年回家陪伴父母

的次數少得可憐，每次回家都來去匆匆，連春節也不過是在家待半個月而已。一開始，我總以為自己只有足夠努力地工作，賺更多的錢，變得更加強大，給父母提供幸福安穩的晚年生活才是最好的孝順。但後來漸漸地發現自己錯得離譜，其實父母要的只是我能健康、快樂。我能照顧好自己，對他們就是最好的孝順。

因為我的工作總是會長期頻繁地出差，沒有固定的城市，所以每次跟媽媽聊天時，她的第一句話總是問我在哪裡。那時候，我總會覺得十分心酸和難過。對於很多強大而獨立的人而言，無論在外人眼裡多麼強大，在父母面前依然還是一個需要被照顧的孩子。父母也是這個世界上，只需要用一句話，就可以讓強大如鋼鐵般的你，瞬間淚如雨下的人。

獨自在外生活的人，一定有過這樣的經歷和體驗：仗著自己年輕，總愛折騰自己，作息不規律，飲食不健康，最終大病一場。有一次出去講課，因為長期飲食不規律，我在幾百人的會場暈倒了。到了醫院，醫生說我是闌尾炎，卻不能動手術，之後還說了很多病理知識，把病情描述得很嚴重。

我回病房以後，第一件事情就是訂第二天的機票，立刻回家。當時因為害怕，我全然顧不得父母會擔心，心裡甚至做了最壞的打算，哪怕在手術臺上醒不過來，也要在父母身邊。回家以後，

我的身體一天天變好了，或許身體狀況本來就沒有那麼嚴重。那幾天，我在家裡打吊瓶，媽媽陪我坐在沙發上。我精神抖擻，看不出一點病態，她坐在一邊絮絮叨叨：「跟你說多少次了，自己一個人在外面要注意身體，不要經常熬夜。現在好了，又要打那麼多針、吃那麼多藥，多受罪！」

當時我嫌她煩人，忍不住懟了回去：「我輸液已經夠難受了，您就別再叨叨了。」

「你疼我也疼啊！」她脫口而出，又站起來歎氣，「媽媽恨不得替你挨著，可是又不能。」

我鼻子一酸，匆忙別過頭去，所有的話都被哽咽的喉頭堵了回去。

其實，始終都有一條看不見摸不著的紐帶聯結我們，把我所有的不適和疼痛都源源不斷地回饋給她。所以媽媽常常說：「你平平安安，健健康康，爸媽才能放心，也就能開開心心。」天下父母，莫不如是。

從那次以後，我不敢再讓自己有一絲懈怠，不敢讓自己生病。因為我知道，對遠在千里之外的父母來說，我的健康才是他們最大的幸福和需求。

之前一個做化妝品公司的客戶，是跟我媽媽差不多年紀的姐

姐,她喜歡我叫她蘭姐。蘭姐的兒子比我還大兩歲,在上海工作,一年也回不了幾次家。小夥子粗枝大葉,他們老兩口的一顆心便終年都七上八下地吊著。聽到兒子說胃疼,就怕他沒好好吃飯;一說聚會,又怕兒子酒喝得太多;天氣預報說有雨,便忙不迭地打電話提醒他帶傘……外人勸老兩口少操些心,他們苦著臉說:「沒辦法啊,那孩子對自己的身體一點兒都不上心。」

兒女的饑寒冷暖,幾乎就能決定父母的歡喜悲憂。所以為人子女,對自己多一分用心,遠在家鄉的爹娘就少一分憂心。人生有四悲:早年喪母、青年喪父、中年喪妻、晚年喪子。其中最令人絕望的痛,又當屬白髮人送黑髮人。子女的提前退場,無異於將生命的最後一個支撐無情抽離。這蒼茫人世間,便再無希望和明天。

有一個真事兒,說的是一位年過半百的父親,給患尿毒症的兒子捐了腎。父親只想把死亡邊緣的孩子拉回來,割一顆腎算得了什麼?如果可以,他願意把自己的命都豁出去。手術很成功,來自父親的腎臟在兒子體內有力地運行著。康復後的兒子回到校園,但離開父母監管的他,卻開始隨心所欲地打遊戲、熬夜、喝碳酸飲料,把醫生的囑咐拋到了九霄雲外。沒過多久,父親給的腎就壞了……

許多人責怪這孩子，說他辜負了父親給予的第二次生命。但這些人都沒意識到，自己可能正在糟蹋父母給予的第一次生命。熬夜的人總是很多，放縱口腹之欲讓垃圾食品穿腸而過的人也比比皆是。在病魔未來臨前，我們意識不到生命的可貴，更意識不到自己對身體的糟蹋，已是對父母最大的辜負。

　　史鐵生說：「兒子的不幸在母親那裡是要加倍的。」同理可得，兒女的病痛在父母那裡也是要加倍的。

　　幾天前，看見一個初為人父的朋友發了一條朋友圈：「女兒第一次打針，感覺心都要碎了。」細問才知道，不到一歲的小女兒被流感傳染，斷斷續續地咳嗽了好幾天，最後不得不輸液治療。孩子手上的血管太過纖細，針只能從頭部紮入，小女兒哭得撕心裂肺。我這個七尺大漢的朋友竟也紅了眼眶，只覺得一顆心又苦又澀。他說：「那一刻我就在想，只要她健康平安就好，以後成績差點、收入低點，都沒有關係！」

　　做父母的固然會望子成龍、望女成鳳，希望用子女掙來的榮光為自己的暮年增添一抹亮色，托起日漸坍塌的餘生。但在人人只有一次的生命面前，所有的要求和渴望都可以退而求其次。

　　我相信大部分父母都和我的媽媽一樣，不太關心你飛得有多高，卻無比在意你飛得累不累。生命有多珍貴，創造生命的人最

懂得。

那麼回到主題來,孝順到底是什麼呢?

有人認為是拼命賺錢,為父母買大別墅、請保姆照顧,彌補他們這大半生的操勞;有人認為是功成名就,讓父母臉上有光,受到別人的尊重和愛戴;有人認為是噓寒問暖,記掛父母的饑寒冷暖,把一天天老去的他們照顧得無微不至。

這些當然可以作為衡量孝順與否的硬指標,但以上的一切,都以子女們好好活著、健壯安康為前提。一個病懨懨的身軀,如何撐得起「孝順」二字?一個失獨家庭,又從何處獲得幸福的動力?

你的身體並不僅僅屬於你一個人,它是孩子所有的仰仗,是伴侶餘生的希望,也是父母晚年的全部寄託。

拿什麼來孝順父母?

不如先戒掉熬夜,好好吃飯,認真過好今天!

生活即旅行，總在不斷出發和抵達

　　生活是經歷酸甜苦辣的時光之後，你依然相信夢想和美好。無論怎麼樣的經歷體驗，都是生活最好的安排。

　　在你兒時的夢想裡，有沒有想成為一名空姐？穿著時尚的制服、化著美美的妝容，優雅地飛行於空中。你有沒有想過自己擁有千萬元時要做一件什麼樣的事情？你是否預測過自己的 28 歲會經歷怎樣的人生？

　　瀟瀟在最好的年紀成了無數人羨慕的樣子，擁有一份無數人羨慕的工作，之後又在無數人的豔羨聲中默然辭去外表光鮮亮麗的工作，成為一名創業者，為自己的夢想而努力。

　　8 年的創業時光裡，瀟瀟從一無所有到應有盡有再到一無所

有，從一個人創業到擁有千軍萬馬的團隊，從一個小代購到擁有自己的公司，從一個默默無聞的創業者成為擁有千萬身家的創業女神，又經歷多次波折，與千萬財富擦肩而過。各種故事和經歷，各種痛苦和心酸，完全無法用文字表達。

初識瀟瀟，總在朋友圈看見她美美的照片和創業故事。那時我在想，這個女孩背後經歷了怎樣的故事，才活成了今天這般模樣？而後相見，發覺這個「90後」的女孩身上帶著那麼大的能量和故事感。第二次相見，聽她親自講述自己的人生經歷和創業故事，我對這個走路帶風的女孩產生了別樣的情緒，突然很想抱抱她，心疼她，想要守護她。

我們有太多相似的地方，同樣來自鄉下，兒時的經歷讓我們都拼命努力，拼命想要快點成長，立志要賺錢，成為父母的依靠。

瀟瀟在20歲時，順利成了一名空姐，成了別人眼裡羨慕的模樣，也終於成了父母的驕傲和依靠。然而，外表光鮮亮麗的職業並沒有給她帶來成就感和財富上的預期，也因為不喜歡那個複雜的環境，她選擇了辭去別人羨慕的工作，開始了創業生涯。

起初因為不懂行業規則，瀟瀟將自己僅有的幾萬塊積蓄全部賠掉了，變得一無所有。她獨自一人在出租屋裡流淚哭泣時暗下決心，自己一定要成功。之後，她開始做起了代購，一個人扛著

很重的代購物品行走在香港的街頭,又一個人提著很重的物品在擁擠的地鐵裡穿梭。那時,她小小的身體裡有著大大的能量。

瀟瀟給我描繪過一個細節,在一次代購途中,代購的奶粉壞了,不但她那一趟所有的辛苦都白費了,還要自己貼錢,當時的她坐在香港街頭聲淚俱下地大哭。聽到這裡,我的眼淚情不自禁地掉了下來,仿佛能夠想像和感知到她當時的無助和心酸。如果你以後也在某個街頭看見這樣無緣無故哭泣的女孩子,請多給她們一些善意或者一個擁抱。

而後的瀟瀟開始互聯網創業,團隊從一個人到上萬人,從那個當初為了奶粉壞掉而哭泣半天的女孩,成了可以給予家人和團隊所有人安穩生活的女子。

你以為我只是在講述一個女孩子奮鬥逆襲的故事嗎?不,她的故事遠不止這些。

你是否預想過自己事業有成,公司發展順利,當你年終就要分紅,甚至已經看好景觀別墅,準備送自己一個新年禮物時,卻在一夜之間,變得一無所有,與千萬財富擦肩而過?那時,你會是何種心情?我曾經也有過類似的經歷,只不過不及千萬。那時,百萬的數字已經讓我處在崩潰的邊緣,我無法想像當時的瀟瀟該如何面對。

而瀟瀟淡然自若地調試好心情，重新出發。經歷過多番起伏之後的瀟瀟，成了那個更加自信和淡然的女生。

　　後來的瀟瀟，滿腦子都是前途，她開始搞錢、搞事業、搞學習；睡得越來越早，也越來越喜歡鍛煉，開始學會愛自己；不再糾結焦慮，不再自卑害怕，開始去追求有意義的人和事；開始變得理智，不再衝動地選擇任何人；開始變得清醒，不再相信別人畫的大餅。

　　瀟瀟偶爾也像個孩子，一天800個情緒，隨後又自渡、自癒。她慢慢地找回了自己的快樂，不再因為別人而難過。雖然有時也會有煩心事，但她已經有了治癒自己的能力。

　　現在的我們依然在為夢想努力著，雖然經歷各種狗血和挫折，但是從未放棄過對美好生活的嚮往和追求。我們的心中都有詩和遠方，為了自己的夢想不放棄。

　　我想真正的強者都會被安排不一樣的境遇和經歷，你想要得到別人未曾得到的，你就必須付出別人不能付出的，這句話是永恒的真理。

　　哪有什麼歲月靜好，每個人都是劫後重生。

　　路要一步一步地走，苦要一口一口地吃。人生從來沒有捷徑，唯有努力才能看見彩虹。要記得：沒人扶你的時候，自己站直，

路還長，背影要美，美好都在堅持之後才會出現。

晚風吹人醒，萬事藏於心，花自向陽開，人終朝前走。祝你，祝我，祝她，祝我們！

CHAPTER 05

如果生活好一點，我就去看你了

被「紅色玫瑰」帶走的少年

　　路過莊園卻只思念一朵玫瑰，我見過星河，但只愛一顆行星。玫瑰這樣的美好炙熱的存在，大意是為了讓我們感受愛和儀式感。人們常用各種玫瑰來表達感情，而我自少時開始，就不喜歡紅色的玫瑰，甚至有點厭惡，在曾經的一段時光裡還有些恐懼。起初不喜歡只是單純覺得紅色太過熱烈和豔麗，實在跟年少自卑、怯懦的我不適配。

　　而後遇見王先生，我們相處時的每一次儀式感，有香檳玫瑰、粉玫瑰，唯獨沒有紅玫瑰。某天聊起過這個話題，溫柔笑著的王先生看著我的眼睛回答：「紅玫瑰象徵大多數人的浪漫愛情，我們是彼此的唯一，不是只有紅玫瑰才能代表愛情。」那一刻，我

的內心像是被什麼東西擊中了，笑著笑著就哭了。原來從一開始，他就看透了我所有的自卑與傲氣，知道我所有的 B 面，並且用最恰當的方式保護了我所有的自尊。

少時的我脆弱、敏感、彆扭、自私、自負。如果沒有被美好、炙熱的王先生真誠、溫暖地愛過，就不會有如今的我，甚至如今的我也許已經不在這個世界上了。

被王先生用心愛著的那些時光，治癒和救贖了我。

不是每一朵玫瑰都代表愛情，而某些愛消亡時，卻有玫瑰相伴，滿地都是「紅玫瑰」的那一天，也帶走了那個少年。

王先生留在這個世界的最後關照，是要讓他的家人照顧好我，繼續盡力守護著我。他甚至安排好了我未來的生活，那些我們曾經共同暢想的未來，他都細心地幫我安排好了。因為王爸王媽想減輕我的痛苦，並沒有第一時間通知我王先生的情況，所以我們並沒有見過真正意義上的最後一面，我也沒有出席他的告別儀式。

我們之間的最後一次見面是在一個夏天的午後，陽光炙熱地烘烤著大地，如今好像還能感受到那天的溫度。王先生笑著說下週見的樣子，仍歷歷在目。我們最後一通電話，賭氣爭論時，他無可奈何的語氣像刻進腦子裡一般清晰。

王先生走後，我們之間的點滴在很長一段時間內是我的夢魘，也是唯一的救贖。看見朋友圈有人曬汽車後備廂的鮮花、大螢幕的告白、牽手的照片時，總能想起與王先生一起經歷的場景。

王先生離開後的第二年生日，我去看望王爸王媽時，無意間發現了當時的責任認定書和現場的照片，原本的香檳玫瑰被血染成了紅色，滿地都是飄落的花瓣。此後很長一段時間裡，我對於紅色的玫瑰，甚至是紅色，都帶著恐懼，看見紅色就會不自覺發抖，會突然停下來，大腦一片空白。這種狀態在看了半年的心理醫生之後才慢慢緩解，紅玫瑰也成了我生活裡的禁忌。

遠離紅玫瑰的原因，我再也沒有跟其他人提及，直到某位少年連續 6 年每年表達心意都會送紅玫瑰後，我終於鼓起勇氣告訴了他這個故事。

好像從決定告訴那個同樣熱烈的少年關於王先生和紅玫瑰的故事之後，我對於紅玫瑰開始慢慢釋懷。在 2023 年的情人節，一個很久不見的可愛的妹妹，送了我一束紅玫瑰，那一刻我忽然發現，自己已經不討厭紅玫瑰了，甚至覺得紅玫瑰讓素來淡雅的日子，有了新的感覺。

這一切的變化，源於我這些年的成長，從接受到和解，到放下，再到找到自己。**我們每個人內心的那個小孩，總是希望有人**

來陪伴和照顧。但是，一個人的成長、更新，都是每個人獨自去完成的。

這正是人與人之間親密關係的矛盾和衝突之處，每個人既有需要別人陪伴的一部分，也有與其他人格格不入的另一部分，比如不喜歡身邊有人，不喜歡被別人打擾等。正如叔本華所說：「人就像寒冬裡的刺蝟，互相靠得太近會覺得刺痛彼此，離得太遠又會感到寒冷。」

現實生活中，我們只要被人堅定地選擇過，哪怕只有一次，都會讓我們無所畏懼地去做很多事。被堅定地選擇從來不是權衡利弊，而是單純的喜歡，即使全世界都漠視你，也會有個人在你失意時對你說：沒關係，你還有我。

希望我們都可以擁有明確的愛，真誠的喜歡，直接的拒絕，站在太陽下的坦蕩以及被人堅定地選擇。

永遠心動，永遠閃亮

追星，是因為我們可以在偶像身上看見一種力量。偶像是我們尊敬和欣賞的榜樣，進而相信我們自己也可以變得越來越好。我們借著偶像發光，因為喜歡偶像而成為更好的自己，取得更好的成績和成長。

相信很多人都曾夢想過，成為閃閃發光的人吧！

粉絲經濟的延伸，讓偶像市場一直非常火熱，從當年的「快男」，到「超女」，再到如今的「乘風破浪的姐姐」。其實我不追星，也從未想成為明星或是公眾人物，因為我明白，欲戴皇冠必承其重。所以，在我的夢想裡，沒有要生活在聚光燈下的選項，尤其在創業之後，我更明白一個道理：你要享受多大的榮耀，就

要付出千萬倍的努力。你想要站在那個舞臺上被無數人喜歡，就要背負也許難以想像的壓力。

所以我對成為明星或偶像，一直都沒有太多的憧憬和嚮往。反而會覺得他們好辛苦，一邊欣賞、佩服他們，一邊又很心疼他們，同時也慶倖自己是個普通人。

像我這樣的人，真的沒有辦法無時無刻被無數人監督。因為我真的太愛自己，太會放過自己，無比會偷懶，太想要自由。而那種所有的生活都被無限放大的狀態，真的很不容易，很辛苦，也很無奈。

身邊有很多演員、歌手、網紅朋友，跟他們相處的時候，一邊被他們那種努力和自制力折服，一邊看著他們對很多事情都無可奈何。

在他們的世界裡，商業價值很重要，粉絲很重要，外界的聲音很重要。他們每一個人都很努力，也很辛苦。所以每當我看到那些公眾人物時，看到的不是他們光鮮的外表，而是他們背後的不容易。他們背後一定付出了很多努力和代價，熬過了無數個深夜痛哭、無人問津的時刻，才能閃閃發光，如此完美地站在舞臺上。我認識的所有公眾人物，都有輕度焦慮或者抑鬱症，名氣越大越焦慮不安。所以，他們大部分人都會給自己找一個寄託，或

者信仰。

　　作為公眾人物的家人，其實更是一種對內心的考驗。我也算做過公眾人物的家人吧，我的前任是一個公眾人物，我們在一起一年半的時間，沒有人知道我們在談戀愛，包括我們之間的共同好友，以及他的經紀人。不公開，除了是因為合約的問題，更重要的是怕掉粉，當然我也很怕被網暴。出於我們彼此的考慮，我們都覺得還是不公開比較好，現在也無比慶幸沒有公開過。

　　有人說：「偶像的存在，是因為有無數粉絲傾注了感情與金錢，偶像就是要成為'大眾情人'，滿足粉絲的喜愛和期待，所以偶像是沒有資格談戀愛的。」也有人說：「偶像也是人，有自己選擇愛人的權利，只要不被粉絲發現。」我們屬於後者，從在一起到分開，到如今，我們都慶倖沒有被公開。我們的感情純粹、簡單，都在用對彼此最好的方式對待這段感情。

　　我們在一起的一年半中，我深刻認知到偶像這個職業有多麼艱辛，以及他們被定義為商品的無可奈何。因為要表演，他們要不斷地練習音樂和舞蹈，直到把它們形成肌肉記憶。他們從來不吃碳水化合物，而且有的人無論多晚收工，都一定會再跑 10 公里，無論多累，也會關注粉絲對於作品的評價和所有跟他們有關的資訊。

前任經常說，因為他是公眾人物，一言一行都會被無限放大。如果不能管理好自己，不好好精進自己的工作水準，其實就是一種失職。因為粉絲不會喜歡一個 50 分的偶像，市場也不會接受一個 50 分的商品。

那段時間，我既心疼他的努力，又欽佩他清醒的自我認知。我們之間最長的對話，不是普通情侶的彼此關心，而是理清彼此的情緒。他會一邊懷疑自己，一邊不得不努力練習，焦慮不安更是常態。而我們能在一起的最大因素就是，我能給予他安心與輕鬆。

在很長一段時間裡，他情緒低落、焦慮不安。面對惡評和公司不合理的工作安排，他只能默默忍受，獨自消化內心的掙扎與恐懼，變得敏感而脆弱。

因為想要更好地支持和陪伴他，我會提醒他：相比外界的評價，要更關注內心的自己，我們每個人都來自不同的成長環境，喜歡與討厭的東西都不一樣，沒有任何人可以被所有人喜歡，與其絞盡腦汁，卻又徒勞無功地想著如何去活成別人喜歡的樣子，倒不如努力去活成自己喜歡的樣子。公眾人物接受了多少關注和喜歡，就要接受相應的質疑和詆毀。

用心做好自己，不遺憾選擇，不後悔付出，就是對喜歡的人

最好的愛和回饋。

　　我們退回到朋友身份的原因是，在某一個時間段裡很想結婚，但我們知道，對方不是合適結婚的人，也是因為當時的彼此都不夠強大。我們剛成為情侶的時候，我其實挺不知所措的，因為我們不管從哪方面看，都不像是可以適配的人，更不是一個圈子和世界的人。我們遇見而後在一起的選擇，對我們彼此來說，都是一種美好的人生經歷。

　　一定是特別的緣分，我們註定要陪伴彼此一段時光。我無比感謝他讓我更加瞭解自己，學會了跟這個世界相處。也因為他，我對努力發光的人有了全新的認知。那些在舞臺上閃閃發光的人，他們真的都值得被尊重和理解。無論是誰，想要多大的讚美，就要承擔多大的詆毀和質疑，人生的每一種幸運，從來都是努力的結果。

　　比起做一個偶像，成為公眾人物，我更願意過普通人的生活，可以想吃什麼吃什麼，想去哪裡去哪裡，想做什麼做什麼。只要不違背法律和道德，想過怎樣的人生都可以。不想努力了，可以給自己放假，可以擺爛，可以隨心所欲去做一些事情。

　　今年5月，我去看了他們的現場演出。時隔多年以後再在現場看他的表演，他更多了幾分成熟和魅力，他們團隊的所有人也

越來越棒。

之前真的不是特別瞭解，為什麼有那麼多追星女孩會為偶像瘋狂應援。現在才明白，是偶像對於舞臺的熱愛、生活的熱情、事業的用心，值得被更多人看見，**偶像用作品和舞臺回饋粉絲，而粉絲用更加積極向上的態度關注偶像的作品，這是最美好的雙向奔赴。**

願所有追星的男孩女孩，在被偶像照亮，成為更好的自己的同時，更關注自己，更愛自己，與偶像共同奔赴閃閃發光的人生。

我深愛我們一起相處的日子，勝過世間一切

　　很多人的青春裡，一定有一個難以忘懷的人，想起他，我們會笑，也會遺憾。有些故事，有些人，註定會成為我們人生中無法割捨的過去。所謂歲月變遷，就是同樣的時節，伊人卻早已不再，因為時光的變遷，我們的心境也變得不一樣了。

　　有人喜就會有人憂，有人來也就會有人走，幾家歡喜幾家愁，這才是人生的常態。

　　這幾年，對待一些事和一些人，也漸漸地不再像以前那般執著，無所執也無所憂，歲月沉澱中，比以往更加懂得生活的意義。

　　每段時光，都會給我們帶來一段或數段難忘的記憶，年少時的經歷更甚。那個為你奮不顧身付出一切的人，那個對你細緻入

微的人,那個為你擋風遮雨的人,有一天突然離開以後,不要哭,要笑著祝福,因為曾經刻骨銘心過。

時過境遷過後,再回憶那段時光,想起那段青春,在心裡默默地對那個人說:「嗨,謝謝你,現在的我很好,這些年的我,一直很勇敢、很獨立、很快樂。」

幸福,其實就是在你最無知和任性的時候,遇見了可以用生命和時間守護你,然後教會你什麼是愛,什麼是成長,讓你變得越來越好的他。遺憾,或許就是當你回首往事時,那個讓你成為最好的自己的人,已經消失在人海。

大火的《前任3》,狠狠刺痛了無數人的內心,讓無數人忍不住想起某個人,回憶起某段歲月。結尾臺詞:「至尊寶要在痛失紫霞之後才能變成孫悟空。」我想,當時的至尊寶如果知道會是這樣的結局,他一定會選擇自己永遠是至尊寶,不要變成孫悟空。

當繁華逝去,終守得所愛之人,相濡以沫,相伴到老,相擁而去,這是無數人畢生的夢想吧。但我,卻不曾羨慕過嫁得良人,執子之手的任何人。因為曾經遇見過王先生,曾經擁有和得到過這個世界上最好的幸福,至此,不會仰望別人的幸福。

如何有一天我們可以在某個時空再遇見,我想問他:「如果人生可以選擇,時光倒流,你還會選擇遇見那個時候讓你頭疼、

無奈,如此任性的我嗎?」

其實我知道他的答案,還是會。就如即使時光倒流,無論吃再多苦,糾結執念再多,我也依然會義無反顧地跟王先生遇見,只是我一定不會再像之前那麼任性。

我知道,在下一個路口,我的未來,天堂的王先生依然會用心守護。放心,現在的我,特別聽話,我也很乖,可以滿足他一切的期望。

電影《鐵達尼號》最讓我感動的 3 分鐘,是男主死後,女主並未殉情,而是聽男主的話,好好地生活,去嘗試有趣的事,去愛自己。她用生命中的每一天去踐行曾經的諾言。

我知道,除了父母,王先生是這個世界上最希望我幸福和快樂的人,我也一直在很努力地照顧好自己,未曾辜負和忘記他的託付和期許。我想對他說:「天堂的你,放心吧,別再記掛和擔心我。」

如今的我,一直在很努力用心經營生活,沉浸在自己的小世界裡。只有試過的人才知道,這是一種怎樣的快樂和幸福。因為那些已逝去的人,讓我們的生命陽光燦爛,格外地精彩。祝福看到這篇文章的你,能夠幸福、快樂直到永遠。願你身邊有愛的人,做著喜歡的工作,吃著喜歡的食物,成為自己喜歡的樣子。

愛以不同方式存在，並不是每種都放了糖

　　你的青春裡，有沒有遇見那些愛而不得的人？你的世界裡，有沒有出現過一個你深愛卻不屬於你的人？有些人，明明知道沒有結果，卻忍不住動心了。餘生漫長，**我們都不知道下一秒會發生什麼，但生活就是如此，不是所有付出都會有一個結果。**

　　馨兒，一個來自蘇州小鎮的「90後」女孩，長相甜美。她從小父母離異，跟著母親生活，所以自然而然地養成了獨立、拼命的性格。

　　馨兒很早就離開家人去上海打拼了，經過幾年的努力，擁有了自己的服裝品牌和化妝品公司，是同齡人中非常優秀和耀眼的女孩。

馨兒和Ａ先生是在一次朋友聚會上認識的，Ａ先生是「80後」，某知名企業的CEO.年輕有為，長相英俊帥氣。雖然聚會中的Ａ先生很有氣場，把控著全場的節奏，但馨兒並沒有那麼在意，因為那時馨兒有一個長相帥氣、家境不錯、工作體面且交往了兩年的男朋友，雖然分隔兩地，但是兩人的感情很穩定。飯局之後，朋友們建了一個當天的聚會群，Ａ先生在群里加了馨兒的微信，兩人的糾葛從那一刻起好像就註定了。

　　馨兒每天工作很忙，有時候連跟異地的男友視訊的時間都沒有。或許是長期一個人獨立、堅強的原因，馨兒的內心其實是渴望被照顧和寵愛的，但異地的男友也是一個不會甜言蜜語的人，只想給馨兒足夠的空間，馨兒說累了，男友就乖乖掛斷電話，不再打擾。

　　這個時候的Ａ先生，幾乎每隔幾天就會給馨兒發一些關心的微信，寄一些養生保健的小禮物。漸漸地，馨兒開始信任甚至崇拜Ａ先生，覺得他不僅對她百般照顧，還事業有成、溫暖、細心。

　　但是馨兒忽略了Ａ先生有家庭的事，Ａ先生的妻子是跟他共同打拼、白手起家的人，兩人還育有一個7歲的兒子。對於一個從小缺愛的女孩來說，Ａ先生的示好對於馨兒是致命的，於是，馨兒漸漸陷進去了，開始不自覺地跟Ａ先生分享自己身邊每天發

生的事情和小情緒。

半年之後，A先生到馨兒的城市出差，他們像久違的老友，聊了很多，也喝了不少，那天應該發生的，不應該發生的都發生了。

事後馨兒很後悔，覺得自己這樣不僅對不起自己的努力，更對不起自己的母親，因為當年馨兒父母的感情就是因為另外一個女人的出現才破裂的，所以馨兒告訴自己，永遠不要成為那樣的女人。

同時，馨兒也覺得很對不起異地的男友，所以她打電話跟男友說了實情，兩人分了手。

而馨兒跟A先生的關係，從那次以後就變得很微妙。馨兒一邊不允許自己繼續陷入這段危險的關係，讓自己每天活在自我質疑裡，一邊又身不由己地跟A先生糾纏著。

禍不單行，因為一些原因，馨兒的合作夥伴帶著自己公司的直營團隊和技術，成立了另外一家化妝品公司，馨兒的公司因此損失嚴重，幾乎瀕臨破產。馨兒首先想到找A先生幫忙，緩解燃眉之急，A先生卻再也沒有了回信，電話、微信、短信都極少回覆，即使回覆也只是：「你能解決的，我在忙。」

馨兒很痛苦，想當面找A先生說清楚，於是去了A先生的

城市。雖然見到了 A 先生，但 A 生的回答卻進一步擊垮了她，A 先生說：「從一開始你就知道我結婚了，我什麼都給不了你，我有自己的家庭和孩子，我愛我的老婆和孩子，也不可能因為這樣的事情影響家庭和事業。我們一開始就是你情我願，而你跟我在一起的時候，不是也有男朋友嗎？」A 先生的話將馨兒徹底推入谷底，也讓她徹底清醒了。

之後，馨兒折現了公司，準備從頭開始。

或許馨兒不應該明明知道 A 先生有自己的家庭和妻子，還要默許和接受 A 先生的種種要求；或許 A 先生這樣的江湖老手，情商高到懂得如何讓馨兒這樣的女人投懷送抱。我們無法判斷誰是誰非，遇見誰，愛錯誰，都是自己的選擇。

所以我常跟身邊的女孩們說，也是告誡自己，**不要用自己的青春去陪伴一個根本不屬於你的人，人生那麼短，不能浪費在不值得的人身上。**

女孩，你可以犯錯，但要懂得在錯誤中總結經驗，下一次才可以更好地再出發。女孩，你可以一無所有，但你不能失去對美好的嚮往和對未來的憧憬。

在我們的人生路途中，或許都會犯錯，去走一段自己不喜歡的路，但那又怎樣？正因為我們經歷過，體驗過，以後的人生才

會更加美好和精彩。

我們必須有勇氣去面對錯的事,錯的人,和他們告別,然後接受這些陣痛。

總有一天會明白,能治癒你的,從來都不是時間,而是心裡的那股釋懷和了然。愛自己,強於很多人愛你。

愛生活裡的種種小悲傷、小歡喜、小意外

年輕的時候，少有人能夠獨立建造自己的精神世界，所以很多人常用愛情、友情、社交以及各種錯誤的行為來填充自己的精神世界。

在填充的過程中，我們要明白，這是人生必須要經歷的一系列過程，而不是什麼了不得、接受不了的結局。遇見了什麼人、什麼事都不是重點，暫時的失去，以及暫時的擁有也不是重點，在這個過程裡我們有怎樣的成長才是重點，把這種看待事情的態度和覺悟放進自己的內心，成為一種習慣才是重點。

只要能從每一種小失望裡去看見自己每一次的小成長，就足夠了。

我人生中幾次關鍵的成長都源於親密關係。身邊的朋友都知道，我跟前任的關係，實在是太好了，某種程度來說，他們是我生命裡的貴人，在不同階段陪伴我成長，也在不同階段帶著美好的祝福告別對方。

　　我的愛情態度是在一起快樂、幸福就好，如果彼此在一起不快樂，感覺不到幸福了，那就記住曾經的美好，畢竟我們在一起或者分開都為了快樂、幸福。

　　初戀用 3 年的寵愛和陪伴，教會了我愛與被愛，把最初脆弱、敏感、彆扭、自傲裡帶著自卑、外強中乾的女漢子的我，變成了一個自由、溫暖、快樂的人。他的愛和陪伴，讓我擁有了美好而快樂的青春時光，但他的生命卻永遠停在了 24 歲。在他離開這個世界之後，他曾經的愛與溫暖，依然陪伴著我。

　　當然，我也經歷過愛無能的階段，在初戀離開之後的很長一段時間裡，我失去了愛的能力，更別說打開自己，去迎接愛的狀態了。

　　因為沒有愛的能力，對愛產生了發自內心的恐懼，不敢想像自己進入一段親密關係時的樣子。一旦處於親密關係當中，我就會開始執念感情裡的得失。所有的猜忌、恐懼、懷疑、小氣、吃醋，都會和愛一起跑出來瘋狂地撲向對方。放不過自己，也饒不

過別人。

在這樣的親密關係裡,查手機裡的外賣訂單、查微信、查是否有跟其他人的曖昧短信、查行車記錄儀等,這樣瘋狂又無趣的狀態持續了3個月,始終沒辦法說服自己,也沒辦法安慰愛人。

所幸,遇見的前任都是很好的人。當我瘋狂又無趣時,他允許和被動接受我所有的情緒,在我們和平分開的那天,他跟我說:「我們成為朋友多年,跟你在一起以來,我一直覺得自己配不上你,你那麼耀眼和閃光,而我們在一起之後,你沒有變得更好,反而變得患得患失,我不想讓你失去屬於你的夢想和舞臺,你應該擁有更好的生活和更好的人。」他的一番話,讓我醍醐灌頂。是呀,這一路走來我被無數人守護,也吃過那麼多苦,為什麼要委曲求全?

於是,我開始學習放下恐懼,放下自己的固執,慢慢找回年少時那樣炙熱而自由的愛,只是單純的愛,沒有任何附加條件,也不再執念付出之後是否有回報。**當我們擁有一個完整的自己時,才有能力去愛。**

上一個前任,他的出現破除了我從初戀離開之後的自我困局。我們本不是一個圈子和世界的人,他是公眾人物,有很多粉絲,帥氣而美好。我們如兩條平行線,卻在那個階段遇見,陪伴

和治癒著對方。

下面是我這幾年關於親密關係的感悟和心得,希望可以與大家共勉。

愛是人類最深沉的情感之一。而在親密關係中,**愛的能力能夠塑造我們的人格、增加我們的智慧,使我們得以成長和進步。**

親密關係是一個相互依存、相互支持的關係,它能夠提供安全感、理解和接納,同時也能夠激發我們的潛能和創造力。

我們需要擁有愛的能力,以建立健康、穩固的親密關係,並在其中實現個人的成長。

首先,擁有愛的能力意味著學會傾聽和尊重。**在親密關係中,我們需要傾聽彼此的需求和意見,以建立良好的溝通基礎。尊重對方的獨特性和個人空間,是培養愛的能力的重要一環。通過傾聽和尊重,我們能夠更好地理解對方,增進互信和親密感。**

其次,擁有愛的能力需要學會表達和分享。在親密關係中,誠實和坦率是建立信任和理解的關鍵。**我們需要學會表達自己的情感和需求,同時也要學會關心和支持對方。**分享生活中的喜怒哀樂,共同面對挑戰和困難,能夠增進我們之間的情感聯繫,促進成長和發展。

此外,擁有愛的能力還需要學會寬容和包容。在親密關係中,

我們難免會遇到不同意見和衝突，寬容是化解矛盾和維繫關係的關鍵。我們需要學會接受對方的不完美和缺點，以寬容和理解的態度面對彼此的差異。通過包容和寬容，我們能夠建立更加穩固的關係，學會成長和改變。**親密關係是一個共同成長的過程**，我們需要不斷反思和調整自己的行為和態度，學會適應和應對變化，願意接受挑戰和改善自己。通過不斷成長和改變，我們能夠提升自己愛的能力，進一步鞏固和加深我們的親密關係。

在親密關係中，擁有愛的能力對於個人的成長和幸福至關重要。通過傾聽和尊重、表達和分享、寬容和包容、成長和改變，我們能夠建立健康、穩固的親密關係，並在其中實現個人的成長和進步。

誰不想過好一生，誰又真的過好了一生

我們這一生，能遇見靈魂伴侶的概率是非常小的。

不同的兩個人，不僅要彼此融合對方的背景、三觀、生活習慣，還要在一塊兒過生活，一起幹很多的事情。這個過程中，能夠不吵架且愉快和開心，這一定是極其不易的。

遇見靈魂伴侶是所有人都嚮往和期待的，但能夠實現願望的人卻少之又少。

2021 年夏天的一個早晨，發小小婷打電話跟我說，她終於離婚了。

電話那頭，小婷平靜地說：「文，你說得沒錯，當女人失去自我的時候，是婚姻悲劇的開始。」

18 歲那年，小婷就確定了以後的結婚物件。同齡人還在讀書，或者像我一樣獨自奮鬥的時候，小婷就嫁給了她所以為的美好愛情。現在，她回望過去，忍不住淚淋淋號啕一場。

　　一個女孩最好的 11 年，小婷從單純的少女變成了一個被時光打磨到沒有自我、沒有夢想、沒有快樂的女人。

　　11 年的時間，從女孩到人妻，再到人母，愛情從最初的甜蜜和美好，經過爭吵、質疑、誤會、家暴、出軌之後，最終變成了如今彼此相看兩厭的地步。兩人糾結拉扯了一番之後，還是和平分開了。

　　小婷在電話那頭哭著說道：「我只是想要一個家而已，為什麼這個小小的願望都不能被滿足？」

　　是呀，我們掙扎半生，不過就是想要滿足一個小願望而已，偏偏很多人難以得償所願。誰不想過好一生，但又有誰真的過好了一生？

　　張學友的情歌首首經典，我最喜歡的一首叫《她來聽我的演唱會》。幾分鐘的旋律，唱盡了一個女人的一生，每個在愛情中迷惘的女孩，都能夠在這首歌裡看到自己最真實的心情，找到自己曾經的影子。

　　在微博上認識的琳子，24 歲已經墮了兩次胎，她說每一次都

認真地去愛，但不知道為什麼每一次都不得善終。一個男友有暴力傾向，一個男友好賭博，最長的一任談了 4 年，卻因為雙方家長不同意而分手。

C 妞從小家境殷實，以為嫁給了愛情，卻被命運開了個玩笑，前夫在澳門被設計輸光了家裡所有的錢。一夜之間，這個本生活在城堡裡的姑娘，忍住了委屈，扛起了責任，用兩年的時間為前夫還了近千萬的外債。這個看似柔弱的女子，用自己柔弱的肩膀承擔起了責任，一個人熬過了無數個讓人崩潰的瞬間。

露露說以前的自己很牛，她在微商行業打拼，最頂峰的時候，年收入過千萬，之後去澳門豪賭，一夜之間回到了解放前。如今折騰不動了，被家人安排進了事業單位，每個月拿著 5000 多的工資，吃單位食堂，開著二手的邁騰上下班，每天聽領導訓話。

曉雨倒是賺了很多錢，一個人用兩年的時間成立了自己的品牌，有著過 20 萬的代理商，全國各地到處飛，住著別墅，開著蘭博，喝著名酒，可謂人生贏家，但後院卻失火了—她老公出軌了公司下屬。只因彼此聚少離多，缺乏溝通。離婚那天，他們相互擁抱之後轉身，結束了長達 10 年的婚姻。如今的曉雨，依然風風火火地做事業，看似絲毫沒有被離婚所影響，卻常常在深夜痛哭。

人生，冷暖自知。

「少年不識愁滋味，為賦新詞強說愁。如今識盡愁滋味，卻道天涼好個秋。」

過好人生也好，遇見靈魂伴侶也罷，都不是選擇與什麼樣的人在一起，而是選擇與什麼樣的自己在一起；

不是去選擇做什麼樣的事，而是選擇用什麼樣的事來認識自己；

不是去選擇什麼樣的風景，而是去看見在風景之中的自己是一個怎樣的自己。

一切看似對外的選擇一旦轉向內，皆是對自己「成為什麼樣的人」的選擇。願你成為自己喜歡的人，而後遇見屬於自己的靈魂伴侶。

人生須有抵岸的力量

「經歷過婚姻的人比較會照顧人,因為在上一段婚姻裡總結了經驗。」這是我經常聽到身邊女生們說到的一句話。

我想這句話的真正核心並不是是否有過婚姻的經歷,而是這個人是否看過世界,懂得責任與擔當,在經歷中是否有成長和懂得珍惜。

我聽過不少故事,其中不乏年輕的女孩愛上離異的男人,甚至很多女孩執意找有過婚姻的男人,覺得他們無論財力還是閱歷都有優勢。姑且不說這做得對錯與否,在我看來,不是所有經歷過婚姻的人,都明白生命的意義,就像不是所有上了年紀的人都能懂得生活的意義。這取決於一個人是否能夠在經歷和體驗當中

去感悟和學習。

今年夏天，收到了朋友小君的資訊——她離婚了。她的老公就是上述人口中的「離過婚的男人」，而且這個男人還有一個孩子。

我現在還記得小君帶著她老公第一次跟我們見面時，臉上的幸福感和確認感，仿佛她獲得了世界上最美好的幸福和最完美的感情。

雖然當初身邊很多人都勸說小君，說他們不合適，連小君的家人也因為反對要跟她斷絕關係，但小君還是義無反顧地嫁給了她以為的愛情。於是，即使沒有夢想中的豪華婚禮，沒有家人的祝福，小君還是嫁了。

小君是家裡最小的女兒，父母和兄長們對她很寵愛，所以養成了她較為自我的性格，從來不在乎別人的看法和觀點，舒服就好是她的生活態度。

小君比我大兩屆，我們住在同一條街道，因而初中畢業以後開始彼此熟悉。我欣賞她的敢愛敢恨和特立獨行。後來我們不在同一個城市，以前還會彼此分享對方的情緒，自從她4年前結婚以後，或許因為她婚後太忙，或許我們都很忙，聯繫變少了，最多在彼此的朋友圈裡點贊。成年人的世界，並沒有那麼多得失，我們都在各自的世界裡經歷和成長。

聊天中得知，小君結婚一年後，生下了兒子，之後就做起了家庭主婦，在家帶孩子。老公做生意諸事不順，最困難的時候連孩子的奶粉都沒有錢買。後來老公出事，成為階下囚，債臺高築，小君只能獨自帶著孩子到另外一個城市生活。

我無法想像這些年她是如何度過的，也無法想像什麼樣的經歷才能讓一個那麼要強，那麼美好的女人淪為一個什麼都不會、什麼都不行的女人。

我想儘量給予她一些溫暖和幫助，跟她聊了很多，言語中的她，很無奈，很痛苦，對生活充滿了失望和糾結。我只是告訴她放下過往的執念，放過自己，告別過去，向前看，去迎接屬於自己的美好餘生。然後，給了她一個平臺，讓她跟著我，至少先找回自己的翅膀，然後才能更好地飛翔。

我並不覺得女孩子追求自己想要的幸福有錯，也未曾覺得想要找個有過婚姻的男人不堪或者不對。愛與不愛，只有自己最清楚，生活是自己的，無關對錯，無愧生命，無悔人生就好。

我想無論感情也好，婚姻也罷，除了愛與不愛，還有各自的三觀，原生家庭的影響，彼此之間的包容和遷就，自省的態度也至關重要。

聽過很多故事，很多女人進入婚姻之後，就放棄了自我成長。

當男人越來越優秀的時候，女人一邊沒有安全感，一邊在以愛為名去束縛男人。這樣做最終只會毀了兩個人的美好。

願你，無論單身還是已婚或者離異，都擁有自己的盔甲，不會因為受傷而懷疑感情，懷疑美好，永遠年輕，永遠心懷美好，永遠熱淚盈眶。

去相信和追求那些你認為值得的事情，但請不要忘記，保護你的翅膀，不要折斷自己的羽翼，讓自己保持失去一切後從頭開始的勇氣和能力。

無論生活如何，請不要忘記擁有讓自己幸福的能力，讓自己快樂的能力。

CHAPTER 06

前路浩浩蕩蕩，萬事盡可期待

內心安定，人間值得

　　愛會以什麼樣的方式存在？是儀式感、時刻陪伴，還是無微不至的關心？不同的人有著不同的答案，無數情感，因人而異。我們對於愛的定義大相徑庭，有太多情感都藏匿於表面之下，我們常常感知不到。

　　耳邊總有一個聲音告訴我們，我們被愛包圍，從出生到離開，我們帶著無數的愛與希望在生活。年長的人說：「我們都在時光裡學會了愛與被愛。愛是什麼？愛和藝術是同一件事，它都是在重塑我們的靈魂，讓我們看見自己。」

　　「愛，會因為時間空間而消亡嗎？」這是多年前，我曾問過一個摯友的問題。他回答：「不會，愛一直都在，不論時間空間，

愛只會越發濃郁。會隨著時間消亡、淡化的情感,不是真正的愛。」一個人真正的離開,不是物理上的告別,而是被徹底遺忘。

那些我們摯愛著的人,雖然在物理意義上離開了我們,但他們都會在我們的記憶裡繼續生活,只是換了一種方式陪伴我們。

多年後,在諸多經歷與體驗之中,我明白了,什麼是真正的愛。

人有兩次生命的誕生,一次是肉體出生,一次是靈魂覺醒。

當你覺醒時,將不再尋找愛,而是成為愛、創造愛;當你覺醒時,才開始真實地、真正地活著!

懂得愛,成為愛的那一天,你將不再尋找愛、追求愛、渴望愛。幸福不是找到你愛的和愛你的,而是成為愛本身!

我們總是常說,要珍惜眼前人,把握當下。我們也知道生命的脆弱,但真正面對親友離去的時候,內心依然有無數複雜的情感。

我是跟著爺爺、奶奶一起長大的,那時的奶奶總是經常碎碎念,而爺爺只是默默地聽著,不反駁也不附和。看著他們的相處日常,會讓我躁動的內心變得平靜。時至今日,我依然覺得爺爺奶奶的愛情無比美好。有人在鬧,有人在笑,爺爺奶奶之間的愛情是我見過最好的愛情。

十三年前,爺爺先走了。那時的記憶除了父親的眼淚,就是奶奶平靜而淡然地處理後事,平靜地為爺爺整理妝容,在周圍聲淚俱下的哭泣聲裡,奶奶撫摸著爺爺的臉說:「安心去,等我來。」

　　之後,奶奶一切如常,只是多了很多發呆的時間。那時的我還不懂,奶奶那短短六個字背後藏著的深情,更不能共情奶奶帶著爺爺的愛和責任繼續生活的複雜心境。

　　爺爺走了,帶走了奶奶的思念,也帶走了奶奶的碎碎念。從爺爺離開後,奶奶變得很安靜。印象中,奶奶從不與除爺爺之外的人爭吵,對我們更是溫柔,對於我們的任何要求總是有求必應。奶奶看上去嬌小,柔弱的她把最好的愛都給了我們。

　　孩子成年後陪伴長輩的時間總是很少。三年前,爺爺走後的第十年,奶奶也平靜地離開了,她去兌現十年前對爺爺說的那句「安心去,等我來」的承諾了。奶奶在人世間最後的時光,牽掛著的孩子們都在身邊,或許因為臨近生命終點,她的記憶出現了錯亂,變得迷糊,前一秒剛做過的事情,下一秒還要再做一次,尤其是最後那幾天,奶奶還會叫出一些我們都不曾聽過的名字,說一些連爸媽和姑姑們都未曾聽過的故事。那時才發現,原來我們對於奶奶的過去,都一無所知。

　　從有記憶開始,她就是「媽媽」「奶奶」「外婆」的形象,

永遠平靜，也一直都安靜而樂觀，全身心照顧著家裡的每一個人。

　　對於奶奶的認識，是她的名字叫李光敏，生長在四川，有兩個妹妹，十幾歲經過介紹遠嫁至貴州一個叫「苗山」的村子，除此之外所有的事兒，我們一無所知，也無從考證。

　　奶奶小時候如何長大？兒時喜歡的東西和遊戲是什麼？年少時又如何遠嫁？這一生，她還有什麼遺憾？她最驕傲的事是什麼？後悔過嗎？我們都無從得知。除了愧疚和抱歉，更多的是希望奶奶在另外一個世界能夠自由自在地生活。希望奶奶在那個世界裡，不要那麼辛苦，勇敢而快樂地過只屬於「李光敏」的生活。

　　當年走出家門的她，或許也未曾想到，直到告別這個世界，她都沒有再回過那個位於四川的家。起初是因為交通閉塞，山路難行。後來要照顧一家子，爸爸、姑姑兄妹四個，還要兼顧田地和豬牛。等孩子們大了，她又開始照顧孫子孫女、外孫們。

　　奶奶這一生，都被冠以「塗氏之名」，在「媽媽」「奶奶」「外婆」的身份下活著，這樣地理所當然，甚至讓我們所有人都忽略了去走進和瞭解她的過去和內心。我和奶奶甚至連一張單獨的合照都沒有。每次回家總是很多人、很多事，也很少表露情感，這也是我最大的心結和遺憾。那些對於奶奶無盡的歉意與悔恨，充斥在生活裡，直到某天睡夢中，看見奶奶滿臉笑意地說著「放下，

永生」。那一刻我才終於釋然，從愧疚的心轉換為祝福和愛。

奶奶離開時對於我的牽掛與遺憾，我都知道。遺憾還未見我成家立業。我是奶奶彌留之際，最大的牽掛與不捨。

突然想起爺爺曾說過的話，這段話是我一直以來的慰藉：「孩子，你這一生可能會擁有很多東西：學業、金錢、成就、友情、愛情，還有遙遠的理想……這一切都是建立在活著的基礎上的。生命只有一次，絕對沒有重來的機會。如果有一天，你對這個世界感到無助、絕望，請你記住，你永遠是這個世上獨一無二的存在，是父母心中的稀世珍寶。總有那麼一些人，在你看不見的地方，他們偷偷地愛著你。

「孩子，如果快樂太難，那我只要你平安。」與此同時，人心險惡，世間總有各種意外。當你遇到生命危險時，別逞強、別衝動，最重要的是想辦法保住自己的生命。只有活著，才有希望；只有活著，才會有未來的一切美好。

「人間不值得，但你值得。好好愛自己，往後餘生，願你始終擁有一往無前的驕傲和勇氣。一生平安，一生健康，一生順遂。」

做一個隨性的人,處事淡然,遇事坦然

　　年少時,我們不懼失敗,總以為命運是隨心而動,只要踏過荊棘,便是鮮花遍野。成年後,不如意之事,卻有十之八九。逐漸懂得:所謂成熟,莫過於習慣事與願違。而生活的意義在於,歷盡千帆過後的我們,歸來仍是炙熱的模樣,並且在熱烈之後學會了平靜地生活。

　　影視作品可以讓我們看見另外一種人生和生活。看過大鵬導演的電影的人都知道,一直以情懷和熱血為主線的他,在故事情節、人物刻畫及情感輸出等方面,都做得很好。

　　電影《熱烈》未播先火,源於人們對於這部影片陣容的期待。劇情、演員的演技不過多評論,大家有自己的認知和定義。這個

作品的呈現，每一個參與者都功不可沒，而每一個人物的刻畫，都將我們代入了角色的世界，看見了人生的另外一種可能。

影片劇情樸素寫實，講述的就是一個關於愛與陪伴、熱愛與堅持的故事。裡面有很多經典的臺詞，印象最為深刻的是—夢想就是：你相信它，它就相信你。

當聽到「不可以，也是可以的」這句臺詞時，我的眼淚情不自禁地就掉下來了。而那一句「強者做選擇，弱者被選擇，希望我們都可以做選擇」則道出了無數紮心的真相。

是呀，我們在一路披荊斬棘、堅持追夢的過程中，一定遇見過無數讓人崩潰的瞬間。

生活中的我們無法避免路上的一地雞毛：工作時遇到不公，本想反駁，但是為了生計選擇忍耐；深夜回到家中，滿心疲憊，卻遭到伴侶的誤解。事事如意常常被寫在祝福裡，那是因為生活裡十之八九不如意才是常態。

一次一次的困境和經歷讓我們越來越堅強和獨立，我們走過了前半生，看懂了是與非，逐漸褪去浮躁，學會淡然處事。

一個人真正成熟的標誌，不是他賺了多少錢，有了多少成就，而是他能擁有一個好的心態，不會為了幾句閒言碎語大動肝火，也不會對求而不得的東西執念過深。

道家說:「心靜則清,心清則明。」

拋卻不必要的雜念,日子才能過得知足且安寧。人生如樹,修剪掉多餘的枝丫,才能愈發枝繁葉茂。

不聲不響地生長,不疾不徐地前進,不刻意討好誰,也不無故怨恨誰。保持心靈的簡單和純粹,對人對己,不苛刻,不強求。做一個心靜如水的人,處事淡然,遇事坦然,是最好的生活態度。餘生,想開看開,自然放開。

心累,是因為我們內心的負擔太重,放下紛擾,就是放過自己。這並不是讓我們從此不思進取、得過且過,而是丟掉包袱,心無旁騖地向前。人這一生說長不長,說短不短,心裡開闊的人,才能走得更高更遠。很多事情,當我們想通了的時候,就不會再因眼下的不如人意而寢食難安。

我們的時間很貴,不要花費在無謂的執著上面,有些時候,堅持到底未必是勝利,適時放棄也未必是認輸。與其不撞南牆不回頭,不如在一條路走到黑之前華麗轉身。不要被外界的聲音綁架,多聽聽自己的內心,你下的每一個決心不一定都要正確,但一定要讓自己舒服。 如果一個人、一件事,總是讓你難過,那麼就放下執念,讓自己活得更灑脫。很多東西,既然已經求而不得,何必再依依不捨,不要為了一顆星星,放棄整片天空。往後的日

子，不困於心，不亂於情，不畏惡言，不懼冷眼。

餘生，心懷感恩，知足常樂。

用懷疑的目光看世界，處處都是算計；用感恩的目光看世界，處處都是驚喜。隨緣自在，隨遇而安，如果事與願違，請相信命運一定另有安排。可能你現在遇到了很多煩心事，有很大壓力，但千萬不要放棄，因為命運也許準備了更好的東西要給你。

真正幸福的人，恰恰是那些心思最簡單的人。他們不會自己跟自己較勁，一味地鑽牛角尖，而是會懷著一顆知足感恩的心，擁抱生活，樂觀的心態便勝過萬千財富。你今天受的苦，吃的虧，擔的責，扛的罪，忍的痛，到最後都會變成光，照亮你前方的路。

每個人都難免會有想不通的時候，不必把自己逼得太緊，給自己一些走出來的時間，只管平靜地做好眼下的事情，安靜地努力，默默地成長。困境來臨時，不要憤慨，也不要埋怨，無論好壞，全盤接收，然後，盡力而為，無愧於己便很好。

餘生，珍惜遇見，笑對離別。

村上春樹說：「每個人都有屬於自己的一片森林，也許我們從來不曾去過，但它一直在那裡，總會在那裡，迷失的人迷失了，相逢的人會再相逢。」

所有的相遇，都是久別重逢。你生命中遇見的每一個人，總

會讓你懂得一些什麼東西，或是教會你愛與釋懷，或是帶給你教訓和成長。

好好珍惜現在陪在你身邊的每一個人，因為誰也不知道哪天就會漸行漸遠。我們能做的，只是把現在的每一天都過得不留遺憾，多年後再回憶的時候，也不會因此而後悔、惋惜。

過去不可追，往事不可留。昨日的太陽曬不乾今天的衣裳，很多時候，一轉身，就是一輩子。在人生這條路上，能陪你走一段的人很多，但能陪你走到底的人太少太少。每個人都有不同的路要走，到了應當分別的那一天，不必糾纏，心懷感激，揮手道別就好。

在這個紛雜的世界裡，總有太多的煩躁和不安。作家李夢霽說：「生命不過是一場日趨圓滿的體驗，盡興此生，輸贏皆有意義。」人生在世，現實與所願背道而馳是常態。若強求所失去的，那麼只會陷入自我內耗中，而遺失命運所贈予我們的驚喜。

日日向上實屬不易，但是峰迴路轉的確可求。心煩意亂的時候，不如把腳步停一停，讓自己靜一靜，仔細觀察身邊的一點一滴，為那些最簡單的幸福而感動。

餘生，把心靜下來。做一個心中有天地的人，寧可孤獨，也不違心；寧可抱憾，也不將就！

我們的幸福感，其實源自我們要找到自己，解開一切生命的束縛，打開自己的心靈，依靠這個本身就很豐富、很美好的世界帶給自己存在感，依靠自己豐富的感受和生活體驗帶給自己生命的意義。

人來到這個世上是來體驗生命旅程的，得到什麼、擁有什麼，只是其中小小的遊樂項目而已。四季的變化和輪迴，太陽、月亮和星星，山川河流，森林草木，人類的智慧和藝術，自己的成長和更新，愛恨離別……這些才是真正的大遊樂，大歡愉。

我別無所求，只想被光浸透

　　2020 年的初春，我發現自己有很嚴重的抑鬱症後，出現了一系列的應激反應：經常出現沒有由來的疲倦感，沒有任何情緒，會經常頭暈，吃不下飯，晚上整夜睡不著，白天怎麼也睡不醒。去過很多醫院，檢測報告都顯示身體機能沒有任何問題。

　　我還有一些很奇怪的應激反應，比如過馬路的時候，如果有車正好開過來，身體就會僵住，站在馬路中間怎麼也動不了；在家一整天，不想出門，不想動，沒有任何情緒，覺得什麼都沒意思，深夜又會覺得自己白白浪費了一天；和朋友聚會吃火鍋，不小心失手打翻了一盤菜，會突然呆住，一動不動，把朋友們都嚇了一跳。

直到看過心理醫生後才知道,這些突然僵住的行為,原來都源於內心深埋的心理陰影。我們每個人其實都或多或少地有心理陰影。心理學認為:如果「哀傷」「恐懼」等負面情緒沒有被即時處理,那麼陰影就會產生,並在潛移默化中影響我們的人生。

　　它是如此常見,以至於我們許多人,都帶著心理陰影生活卻渾然不覺。

　　在我生病的那段時間,我遇見了瑤瑤,她也有類似的身體應激反應,甚至她的反應比我更加激烈。後來瑤瑤跟我講述了她的故事。

　　瑤瑤說:「聽到聲音僵住的時候,是繼父酒後,打罵我和媽媽;過馬路時,媽媽無視紅綠燈拽著我橫衝直撞,我害怕,不想走,就會被媽媽又打又罵;在家裡,打翻東西,摔碎碗碟,不管是不是我的錯,媽媽必定第一個對著我罵。」

　　僵硬的軀體仿佛在告訴瑤瑤:你等著,你馬上就會被罵。直到現在,哪怕瑤瑤知道自己已經長大,可以自己過馬路了,打翻東西也沒關係,但是刻在心裡的陰影,卻一直伴隨著她。

　　心理陰影對人的影響有多大?你可能內心過於敏感,習慣性地自我責怪;也許覺得自己不受歡迎,不擅長社交;或者害怕與他人起爭執,不敢去爭取;抑或渴望愛,又不知道如何去愛……

這些情況看似不起眼，卻會在冥冥中影響你的一生。

芍藥是我認識了多年的朋友，她很怕黑，會在家裡的各個角落擺滿燈，晚上睡覺也要開著燈，不開燈就睡不著覺。我特別理解她的感覺，我跟她一樣，不能在沒有窗戶的密閉空間裡待著，外出住酒店，房間必須要有窗戶，如果沒有，我會感到窒息。芍藥之所以這麼怕黑，源於她童年的經歷。小時候的芍藥有一次因為調皮搗蛋，被媽媽關進了一個小房間裡，那裡沒有窗戶，也沒有任何光源，是一個封閉的空間。芍藥雖然很害怕，但她知道這是媽媽在懲罰她，所以她不敢反抗，只能默默忍受。黑暗的房間，變成了她難以磨滅的心理陰影，連帶被懲罰的羞恥感，成為記憶裡最深的烙印。

在和我溝通的過程中，芍藥才發現，心理陰影對她的負面影響遠遠不止怕黑這麼簡單。被關「小黑屋」的經歷，讓她對別人的否定特別敏感，一有人批評她或者對她提建議，都會讓她聯想到被媽媽懲罰的羞恥感，變得惱羞成怒、暴跳如雷。因為這個原因，她總是和戀人爭吵，工作也不順，甚至得罪了頂頭上司⋯⋯突然的情緒爆炸：憤怒暴躁、不安、焦慮、無助、自卑等；陷入自我攻擊：我不行、我不好、我不配、都是我的錯等；內心敏感脆弱：常常觸景生情、害怕出錯、不自信、戰戰兢兢等。你或許

像這個女孩一樣,背負著陰影而不自知,導致自己「卡」在一系列的創傷模式中無法前進,但只要找到心理陰影,你也可以自我療愈、邁向新生。

其實,每個人生來都有自我療癒的本能和渴望,關鍵在於,你是否能「察覺」它,「啟動」它。通過專業的心理學知識,學會自我覺察,從思維上修正錯誤認知,並從行動上一步步強化,把內在的療愈本能重新啟動。

就像芍藥,她瞭解了自己恐懼黑暗的源頭之後,自我療癒的旅程就開始了。一段時間後,她的症狀已經逐漸緩和,雖然還是怕黑,但是慢慢可以接受關著燈睡覺了。芍藥還學著平和地面對一些事,跟戀人和上司的關係也緩和了不少。所以說,是沉溺於陰影,還是將陰影當作成長的契機,選擇權一直都在我們自己手上。

每一份經歷對於我們而言,都可以成為成長的契機,願你我都在歲月裡沉澱,在時光中成長,在經歷裡變得美好。

過好今天,用心感受,認真努力,好好生活。別想太多,用心對待當下,你想要的就會有答案,走著走著就會有溫柔的著落。

允許生活不止一種模式，喜歡便是最好

　　每一個行為背後都有原因，每一句關心的話語背後也是不同的愛和不一樣的價值觀。無論哪一種說法，都可以被接受和理解，但可以選擇不盲從。

　　很多人一定有過這樣的經歷：許久不聯繫的朋友突然之間聯繫了，叫不上名字的同學突然發來問候了，認不清臉和對不上號的親戚突然關心你有沒有對象，結婚了嗎，生二胎了嗎，買房了嗎……

　　我也一樣，每次回家，除了來自同學發小的關心，也免不了遭受親戚們的問候。

　　尤其 2020 年因為特殊原因，我從北京回到貴州重新開始創

業，經常被大家談論，問最多的就是男朋友一起嗎，一個人多辛苦呀。這些問候的背後除了關心和愛，還有一句潛臺詞——一個適婚年紀的女孩子，無論工作成敗與否，背後都應該有個男人。

周圍對於女性的各種聲音和評價，讓我們一直都在一個困局裡。我們一邊看著行銷號呼籲女性如何獨立、如何平衡，抨擊為愛放棄夢想、事業；一邊又渴望和羨慕著那些跳出傳統思維和常規、活出自我的女性。

我們一邊害怕失去自我、丟失夢想、活成複製品甚至贈品，一邊又在內心懷疑甚至不屑於那些通過自己能力和努力活得美好的人。

在外面的這些年，每當聊起原生家庭、成長環境時，大都會被他人誇獎「你們貴州的女孩真厲害」。我總會回答：「那是因為我們雲貴川渝的女孩子從小就知道，我們不能依靠任何人，只有靠自己。我們大部分女孩子，都想要證明，不是只有男孩能夠給父母安全感。我們也不想要單純靠嫁人來養活自己，所以我們比那些擁有良好成長環境的女孩要更努力，付出更多，也更獨立。」

從小，我們都想成為一個內心強大的人。因為，在大人的教導和期望中，不愛哭、堅強勇敢是對一個乖孩子的讚美。更何況，

「內心強大」幾乎是衡量一個現代人是否優秀的重要標準。

可是，世事不能皆如你我所願，剛剛步入社會的我們，總會被各種瑣事打擊，甚至生活中的一些小煩惱，都可能會擊碎我們的內心。

在通勤的地鐵上，乾淨的白鞋被人踩了一腳，就失去了一天的好心情；下班剛好趕上暴雨，沒有帶傘，沒人送傘，委屈就立馬湧上了心頭；租的房子漏水了、停電了，更會生出身世蒼涼、漂泊無依之感；工作出錯，被上司罵了幾句，就開始否定自我價值。但凡一遇到不順心的事情，總覺得自己被這個世界拋棄了。

看著別人光鮮亮麗的朋友圈，周圍積極向上的同學、同事，好像每個人都過得好，只有自己一個人喪。

殊不知，在你看不見的背後，生活其實並沒有放過誰。光鮮亮麗的上司，下班後為父母的醫療和房貸一籌莫展；到處玩耍曬圖的前同事，一直沒有找到工作，只能暫時逃避，尋找詩和遠方；高薪又正能量的同學，原來已經熬夜加班幾個月，髮際線上移了不知道多少⋯⋯

不必羨慕別人，每個人都有自己的煩惱，即使表面看起來過得很好，背後也都隱藏著許多不為人知的苦楚。

內心強大，不是無所畏懼。很多人以為內心強大的人，從不

害怕明天和未來。其實不然，每個人都會害怕。不管多麼光鮮與強大的人，都會有脆弱的時刻和忐忑不安的心態。

不同的是，脆弱的人容易沉溺於悲痛的泥沼裡，自憐自艾。而那些內心強大的人，可以接受情緒，卻不會被情緒淹沒，即使傷心、悲痛也不會沉淪。他們可以穿越情緒的迷霧，做出理性的選擇。

1969 年出生於美國華盛頓的謝麗爾·桑德伯格，任 Facebook 首席運營官，曾身居福布斯百強女性榜第五名，被《時代》雜誌評為「全球最具影響力的人物」。然而，她曾坦言，其實自己並非每一步都那麼勇敢：「有時候我實在是太過沮喪，就忍不住委屈地哭出來，就算年紀變大，工作經驗更加豐富，這種情況仍然會發生。」

由此可見，無論你多麼強大，都會有無助徘徊的時候。所以，我們可以勇敢地承認自己的無助、軟弱，也要努力去追求自己內心所嚮往的遠方和美好。

我眼裡的女性是類型各異的，是豐富多彩的，是美好幸福的，而不是只有一種標準的樣子。

女性要有自主選擇的權利。你可以選擇強悍，但也要保有柔軟的權利；你可以選擇堅強，但也要保有脆弱的權利；你可以選

擇果斷決絕,但也要保有偶爾情緒崩潰、敏感的權利。作為女性,我們不用為多愁善感而羞愧,為愛得用力而尷尬,為無法抑制同情心而沮喪,坦然接受女性的本我,自由地選擇尋找自己,讓自己幸福。

不要壓抑我們的內心的感受,選擇一種更能讓我們感到自由、快樂的方式去體驗只有一次的生命,去酣暢淋漓地活出自己。

成為自己是一條漫漫長路。約瑟夫坎貝爾提出的「英雄之旅」認為每個人的心靈意識都是一個正走在路上的「英雄」,完成了這個旅程的人,會徹悟到這一點。比如王陽明在死之前指著自己的心說:「此心光明,亦復何言?」

所有關於生命的哲學,都不只是哲理這麼簡單,它是活生生的現實。你會體驗到,當真正發現自己、成為自己時,你會喜極而泣,會發現:原來這才是真正的自己。

回歸主題,女性創業被無數次爭議和討論。我們有著太多這個時代賦予的優勢和負擔,也有太多定義和標籤。最終我們要成為什麼樣的人,過什麼樣的生活,無法被任何人定義,因為人生的路只有我們自己親自來走。

而對於我而言,幸福莫過於在經歷和體驗諸多之後真正找到自己、認識自己、瞭解自己,也更加瞭解這個世界。

我們這些看上去很傻、很執著的女孩們，餘生，願我們無懼時光，活得坦坦蕩蕩。

　　什麼樣的女人最有魅力？既能賺錢養家，也能貌美如花。我們明白，想要的安全感，想去的遠方，除了自己沒人能給得了。

　　我們此生最好的狀態，最高級的「炫富」，不是物質，而是我們都擁有四樣「東西」：第一，年齡無敵；第二，身材無敵；第三，經濟獨立；第四，身邊有彼此。

　　不管當下你處境如何，別放棄，最好的還在路上，用心過好這只有一次的人生，用自己喜歡的方式。

如今最好，別說來日方長

我們終會歸於塵土，那些早一步離開這個世界的人們，也在用另一種方式存在於這個世界。比如，有人會永遠記住他們經歷過的事。以此故事，贈予離開這個世界的我最愛的爺爺、奶奶、王先生、佳欣，以及未曾謀面的你！

和佳欣相識於年少，我們陪伴彼此度過了青春最美好的時光。佳欣陪伴我熬過失去王先生的至暗時光，也是將我從死亡邊緣拉回人間的人，但我卻沒能將她留在這個世界。佳欣的生命永遠停在了 38 歲，而我，也失去了生命中最好的閨密。

我和佳欣其實是兩個世界的人，她以結果為目標，決定的事情一定要完成，無論付出什麼代價；而我隨遇而安，最擅長放過

自己，不想爭也不想搶。如此不同的兩個人，卻是彼此最牽掛和信任的人。

也正是這份牽掛和信任，走到生命的盡頭的她，從未向我表露出絲毫的不安，只因為不想讓我為她擔心。她知道，但凡我察覺到她有一絲輕生的念頭，一定會放下一切飛到她身邊然後狠狠給她一個耳光，再抱著她哭到天亮。是的，這是曾經發生過的情景。大概身邊親密的朋友都知道，佳欣每個節日都會給我送祝福，是一句話就能讓我淚流滿面的女孩。雖然她離開了這個世界，但我理解，也懂得她的選擇，我們都想在看過世界之後，用一種自己喜歡的方式告別這個世界，無牽無掛地去歸於自己內心的選擇。離開也是另一種方式的存在。

在佳欣剛剛離開這個世界的前幾天，有很多人都在說，她什麼都擁有，有什麼想不開的。是呀，有什麼想不開的？這是我們不瞭解別人時常做出的評價。我想這個世界最大的善意，莫過於未曾感同身受過時不輕易評價和質疑。

大概生活幸福、衣食無憂、生活在光明裡的人不會理解，一次次鼓起勇氣重拾希望受到傷害時的感受，比從未有過希望的人受到傷害時的感受更劇烈，那種落入深淵被曙光照亮後，又被推入深深的痛苦，非常人能夠體會。

年少時的佳欣，孤冷、驕傲，對任何事和人都不屑一顧。但瞭解她的人知道，這些都是她的保護色。這一切都源於佳欣從小就不曾體驗過家的溫暖和熱鬧，所以她害怕那些在她生命中出現又不聲不響離開的人和事，因而選擇一開始就關上心門，不讓人走進，別人也就不會走出來。

　　對生活失去信心的人很難讓人理解，因為人們總願意活在自己認知的世界裡，如同我們常說應該用別人對待自己的方式回饋別人，而事實是，只有用自己想要被對待的方式換位元思考才能獲得回饋。

　　我跟佳欣屬於同一種人，有著同樣的自卑和驕傲，都在用同樣的方式保護自己，所以我們在 12 年前那個夏天遇見時，就成了彼此生命裡那個不一樣的存在。

　　作為佳欣生前最信任的閨密，我們對彼此的重要性不言而喻，但我最後並沒有出席她的葬禮。在佳欣去世後的那兩天，我依然平靜而淡然地工作、生活，甚至我不似之前一個月那樣熬夜、晚睡，反而比平時更規律地休息，因為早睡的深夜我都會在夢裡與她相見。

　　我們太瞭解對方，如果是我當年先離開，她也會像我做的那樣，把那些最美好的記憶留在心中。這似乎是多年前我們就有的

默契，無論如何，總要有一個人活得瀟灑、自由，才不辜負茫茫人海中我們遇見和相互陪伴的這些年。

　　真正的送別，不會如歌中所唱，沒有長亭古道，沒有夕陽滿天。而是在一個再普通不過的清晨，有的人就留在了昨天。《少年派的奇幻漂流》中有一句很紮心的臺詞：「我猜人生到頭來就是不斷放下，但永遠最令人痛心的就是來不及好好道別。」

　　我們的生活裡有多少這樣的遺憾呢？

　　總以為來日方長，實際上早已和那個人見完了此生的最後一面；總不會去珍惜，卻發現當真正的告別來臨的時候，根本就是毫無預警。當你不斷失去，送走某些人的時候，才會恍然發覺，原來自己從不曾和對方好好告別。

　　很多人在遺憾和悔恨中才學會了珍惜對方，才領悟了如何告別。王先生曾經跟我說：「今生，你其實已經和很多人見完了最後一面，只是你不知道而已。」

　　這一生，有太多的失去，太多的猝不及防，太多的不由分說。人很渺小，生命很脆弱。我們要做的就是，在渺小和脆弱之中，擁抱彼此，互相溫暖，陪伴對方快樂，不留遺憾地過完這一生。

　　只有好好珍惜每個時間節點上的人和事，才不會在你翻閱這一生的時候發現，滿篇寫著遺憾和後悔。正如張嘉佳所說：「如

今最好,別說來日方長。」

只有用力地愛過,才能好好地去告別。所以,請用力去愛,活在當下,不留遺憾。

每一次的擁抱,請用力一點再用力一點;每一次的再見,請大聲一點再大聲一點;每一次的相聚,請珍惜一點再珍惜一點。生命並沒有我們想像的那麼漫長,別把時間浪費在爭吵、賭氣、猜疑上。趁現在還來得及,去見你想見的人,去做你想做的事,去過你想要的生活,永遠不要等到明天。

不要失望,生活是悲傷過後有朝陽

如果有一天你發現,當初那個說愛你一生一世的男人,他的溫情不再屬於你;當初說要守護你一輩子的人突然離開你,別遺憾,因為離開錯的人才能遇見對的愛。

這些年遇見過很多人,聽過很多故事,有幸福的,也有平淡的,還有不堪的,每個故事,每段人生,都讓我有了深深的反思。

我跟燕姐在年少時遇見,那時的我還是一個對人生充滿好奇,抱著非黑即白的是非觀的中二少女。但燕姐那時已經經歷過歲月的洗禮,氣質優雅,知世故而不世故。在我十五六歲的青春裡,燕姐是特別的,她讓我看見世界的其他可能。2020 年期間,燕姐在婚禮前夕給我發來了喜帖,她再婚了,婚期定在了情人節。

看著燕姐婚禮邀請函上的美麗照片，由衷地為她感到開心和祝福。

跟燕姐電話溝通時，她言語中透出的幸福感深深感染了我。因為初中畢業之後我沒有選擇高中，而是選擇了職高，正是在職高的那一年遇見了燕姐。快 30 歲的燕姐，走進了校園，跟我們一群十五六歲的小女孩一起上學。燕姐身上既有少女的熱情和對生活的好奇，也有成熟女性的魅力。那個階段的我，真的太想成為她了，這也成了我們成為知己的開始。

之後我才瞭解燕姐從江浙回貴州讀書的原因。年前她跟前夫離婚，告別了 13 年的青梅竹馬。燕姐說，她放棄學業在工廠打工，供養前夫完成大學學業的時候，真的非常期待跟那個男人組成一個幸福美滿的家庭。前夫大學 4 年，她在工廠打工，每天工作十幾個小時，只為讓前夫的大學生活體面舒適。那些年，燕姐從來沒有給自己買過新衣服，沒有為自己置辦過東西，她全身心為了一個男人，為此放棄了自己的一切。

我永遠無法忘記，燕姐平靜地說出那段往事時，眼裡閃著淚光又釋然的表情。當時的我不懂，後來體驗過各種生活，見過不同的人生之後，我明白了，那是一種找到自己，放過自己之後的堅定和幸運。

燕姐說，她親眼看到前夫和一個年輕女孩手挽著手逛街，殷勤無比地拎包刷卡。女孩挑的都是平時她捨不得買的品牌貨，他站在一旁，滿臉的寵溺和幸福。俊男美女，舉手投足之間有愛意在流動。

而她，反而是個路人甲，素面朝天，全身上下所有行頭加起來都不超過 1000 元，樸素到無地自容。前夫從沒有為她一擲千金，從沒有耐著性子陪她逛過街，從沒有用那樣的眼神看過她⋯⋯也不能說從沒有吧，不過那是在她還像那個女孩一樣活色生香的時候。

那天，燕姐回去之後哭得撕心裂肺。哭過之後，她仿佛重生了，開始重新找回自己。燕姐跟前夫協議離婚後，自己到了新的城市開始了新的生活，重新進入校園讀書。她說，她想找回那些年放棄的校園生活，三十而立的她，重新開始學習。拼搏 3 年後，燕姐有了自己喜歡的事業，吸引來了一個珍惜、愛她的人。

我曾經問過燕姐：「你恨過前夫嗎？」多年前，她說：「不恨了，因為沒有愛也沒有恨，他對於我來說，教會了我之前怎麼也學不會的情感課題，但我不感謝他，我只是心疼那些年的自己。」

是呀，對於那些傷害我們的人，放下那些愛恨情仇，其實是

我們對自己的救贖。如果你現在還放不下，也沒關係，時間會治癒一切。

燕姐的故事讓我明白：在這漫長而美好的一生裡，如果我們找到了想做的事，那麼無論何時決定再次開始，都不算晚。

生活中聽過也看過很多故事，很多女人，結婚前明明活得如一道絢麗的彩虹般熠熠生輝、五彩斑斕，結婚後卻迅速淪為單色甚至無色的狀態。這是因為婚姻會觸發心理層面的「退行病」。

電視劇《一個女人的史詩》裡的田蘇菲就是一個強勢又執著的女人。以「革命」為由，她逃離了更加強勢火爆的母親，卻將母親的特質內化於心。遇見讓她怦然心動的歐陽萸，便義無反顧地投入追求。雖然她根本不是歐陽萸喜歡的類型，但那份飛蛾撲火般的不管不顧，任何一個失意落難的人而言，都無法拒絕。

要是沒有田蘇菲和那個溫馨安逸的家，歐陽萸一定熬不過那個年代。田蘇菲像母獸保護幼崽一樣，挖空心思地照顧歐陽萸，為他遮風擋雨。但面對歐陽萸層出不窮的紅顏知己與曖昧關係，田蘇菲卻無計可施，只好感慨地說，如果那個特殊年代重來一次，他又被貶到鄉下，低人一等，只有她願意要他，那該多好。

雖然他們的關係早已千瘡百孔，好在還是能白頭到老的。不過，現實卻沒有如此的「圓滿」。田蘇菲與歐陽萸的原型，正是

原著作者嚴歌苓的父母。他們的關係以離婚告終,一個另娶了「真愛」,一個傷心欲絕。

那些曲折、不對等、虐心的婚姻故事,總會有一個糟糕的內在關係範本。在田蘇菲的原生家庭中,母親強悍硬氣,父親溫和軟弱,在吵鬧時吃虧忍讓的都是父親。而父親早逝,母親獨力支撐家庭,性格更加雷厲風行。

讓田蘇菲一見鍾情的歐陽萸,也有著和她父親相似的溫柔特質。通過這樣的角色代入,她在潛意識中回到了父母的關係模式之中,肩負重任,要拼盡全力去拯救一個無力自救的男人。田蘇菲如母如姊,傾心付出,全方位、無死角地照料歐陽萸的生活,卻無法與他產生精神層面的聯結。而對於理想化的歐陽萸來說,這遠遠不夠。於是,歐陽萸不斷尋求別的情感慰藉。

最可怕的事,是你浴血奮戰到筋疲力盡,卻發現自己像《盜夢空間》裡的人物,身處在第 N 重的夢境中,所做的事情都對現實毫無益處。現實中的他,和你夢境裡預設的那個他,完全是不同的人。

這本來就是一個全盤皆輸的死局。在「退行」+「強迫性重複」+「未完成情結」三位一體的遊戲中,哪裡容得下一個獨立完整的「我」?所以,很多明媚動人的女生結了婚,就逐漸迷失

於妻子、母親的角色中，沒有了自我，也就失去了對維繫親密關系而言最為有效的女性魅力。

最好的解藥，是重歸自我。**伴侶是你的鏡子，如果你不愛自己，那麼鏡子裡反射出來的，必定不會是「我愛你」**。滿腹委屈地責怪他沒良心是無濟於事的，如果他情感豐富，也許會內疚一陣子。但內疚會導致隔離，接下來的戲碼，十有八九是逃跑。

當然，愛自己並不一定意味著要全盤打翻現有的生活。你可以整個週末泡在廚房裡，但前提是你自己愛好鑽研廚藝，可以自得其樂；你可以每天花兩個小時打理家務，但不是為了什麼責任義務，而是你享受著把家裡收拾得清爽、舒適的過程，以及那份成就感；你可以辭職當全職太太，但動機並非「為了他付出一切」，而是你想要體驗這樣的生活方式，並且確定自己有足夠的自我價值感；你可以把給他買衣服當成人生樂趣，但不要出於捨己為人的心態，而是在照顧好自己的前提下，把愛與美好分享給所愛的人。

與其全心全意為他付出最終卻費力不討好，不如先好好取悅自己。發掘、承認自己的真正渴望和需求，然後一一表達和滿足。當然，也包括你的激情和欲望，那可是一個人的生命力所在。我堅信，沒有人會討厭一個能夠真正享受生命的女人。

當你開始把注意力放回自己身上，就能更敏感地覺察到舊有模式的重現：你對另一半說話的語氣，是不是有點像你媽媽和你爸爸交流時的狀態？你對親密關係的認知，與你的父母有多大的相似度？你對伴侶的評價，是否受到了原生家庭的影響？

修復內在創傷，有兩個境界。低端的修復，就是一次又一次地重演劇情，期待著救贖，以為「真命天子」的到來可以療癒一切問題。高端的修復，則是離開那個舞臺，按照你的心意，重新構建親密關係。

很多女人在遇到婚姻危機之前，都會有很長一段時間停滯在過去的感情認知中，認為既然結了婚，丈夫就理所當然地完全屬於自己，因此無須花時間去互動溝通。而在出了問題之後，又會覺得毫無預兆，深受打擊。

回溯這樣的愛情故事會發現，在雙方的互動中，慣性的成分遠多於愛，激情與親密早已消磨殆盡，只有一個冷冰冰的承諾尚在苟延殘喘。

物質上，改掉勤儉節約的「壞習慣」，認認真真地花錢寵愛自己，這不是敗家浪費，而是借用金錢的能量，表達對自己的尊重與愛惜。當你能更坦然地享受物質，不再停留於匱乏和怨氣中，內心也會隨之更加豐盛、踏實。把自己當成一項重要的投資，穿

衣、打扮、化妝、健身。

心靈上，修煉情商，對自己溫柔體貼，共情自己的感受和需要，在愛自己、不委屈和壓抑自己的前提下，學習更有智慧的溝通方式—尊重雙方的個人邊界，適時表達對他的需要、重視與欣賞，讓他從關係中獲得足夠的自我價值感和自我滿足感。

一定有人覺得委屈，為什麼感情出問題，要做出改變的總是女人？如果我努力付出，他坐享其成，那不是虧大了嗎？

其實，核心問題並不在於誰賺誰賠，而在於你是否真的在乎這個人，是否願意花心思去經營親密關係，是否願意在關係中成長。或者說，你是否願意走出「愛無能」的緊繃狀態，敞開心，活出你生命的多樣性來。

人生路漫漫，我們或許都曾經執念過那些不屬於自己的過往和已經遠去的最熟悉的陌生人。我們或許都犯過錯，愛過一些不屬於自己的人，也會錯過一些原本屬於自己的人，遺失一些原本屬於自己的幸福。但過去，已然不再重要，把握當下，活出美好，才是我們應該做的事情。

你吃過的苦、走過的路,點燃了你的整個生命

　　我們來到這個世界,都有各自獨特的使命和幸運。可愛的木子,謝謝你,不遠萬里,跨越山海而來,成為彼此的家人。

　　6月的盛夏,我跟木子初見時,未曾設想,會成為陪伴彼此的特別的存在。第二次見面時,聊及彼此的經歷與體驗,永遠無法忘記木子的話:「這個世界只有我自己,我是沒有父母家人陪伴和心疼的人。」看著她淚眼婆娑,眼眶裡的淚水悄無聲息滑落的瞬間,我就下定決心要以家人之名好好守護她、陪伴她、保護她,不會再讓她一個人。

　　木子外表嬌小可愛,讓人靠近就想保護,而在她看似弱小的身軀裡卻有著強大的靈魂。在她身上,我照見過自己,遇見過相

似的靈魂，也對她產生了無盡的憐愛與心疼。她一如當初的我，如今我對她的所有心疼與保護，仿佛都是對曾經那個自己的回饋與愛。

幼時成長於新加坡的木子，也是被父母和家人偏愛和守護的公主，生長環境習得的那份溫暖與堅定，成為她往後面對生活和感情善良與樂觀的原動力。

之後那段 10 年的感情經歷，讓木子於城堡之內走向現實。當遭遇最親近的人背叛與欺騙之後，她消沉過、迷茫過、無助過，甚至想過放棄生命。再之後的木子，絕處逢生，成了更好的自己。木子擁有心理學和經濟學的雙博士學位，如今用專業的心理學知識為處在困境中的人們提供幫助，救贖一個個來訪者的同時，也在被他們治癒和溫暖。

2023 年 7 月，一部《消失的她》刷屏了朋友圈，故事的主人公木子的經歷，也引發了無數女性的覺醒和思考。現實生活中的木子，有著跟《消失的她》裡面的木子類似的感情經歷，在忍痛告別了 10 年的感情之後，處於低谷期的木子，遇見了將她從情感的谷底推入人生深淵的男人。

在木子還未從上一段感情中走出來的時候，那個男人以溫暖而舒適的偽裝走近她，獲取她的信任和依賴。當她全身心投入封

閉式工作的時候，男人拿走了她所有的貴重物品，包括那些珍藏版的鞋子和限量款的包。當她輕描淡寫地講述那段經歷的時候，無法想像，那時的木子該多麼絕望和無助。幸運的是，如今的木子，重新找回了自己的力量，在自己的專業領域裡閃閃發光，用自己的專業知識幫助了很多人走出迷茫和困境。

木子說，她很感謝所有帶給她傷害的人，因為這些經歷和痛苦都是為了幫助她更好地完成人生課題。

如今的木子，在經歷諸多不幸後，淡然而堅定，也成為我的樹洞和依靠。木子身上既有光鮮亮麗的燦爛，也有燈火闌珊的美好。她的柔美和淡泊，以及由內而外散發出來的那股韌性，讓我敬畏又心疼。

生活裡，你吃過的苦，走過的路，看過的書，欣賞過的風景，都會藏在你的骨子裡，點燃你的整個生命。

如果我們得到了不該得到的，就一定會失去不該失去的。只有忍受別人不能忍受的，才能享受別人不能享受的！

願有夢想、有情懷的人們，都不要著急，靜下心來好好生活，關照好自己的心和身體，做好今天該做的就夠了。也願「木子們」，能夠肆意生活，一心為愛自己而活，一生有情有趣有愛。

永遠追求自由,並活得真實

女人,她們有思想,有靈魂,也有心靈。她們有野心,有天賦,也有美貌。何必只局限於將她們困於家庭和廚房?

你有沒有經常被別人問及:「為什麼要一個人那麼辛苦?」當身邊的同齡人早就結婚生子,在家過著相夫教子的生活。身邊大多有老公或者未來可能會成為老公的人擋風遮雨,不需要努力,衣食無憂,親戚朋友會一邊勸你,一邊控訴你:「為什麼不好好利用自己的優勢,趁自己還年輕,找個好人嫁了?」

無數女孩們都想活成自己喜歡的樣子,不希望自己的妥協和將就換來有一天,會討厭和憎恨依附別人、沒有自我、一無是處的自己。但不是所有女孩的人生,都能夠求仁得仁。

我們也大可不必用所謂過來人的身份,去告誡和規勸女孩們應該如何選擇和生活。那些歸於家庭的女孩們,不要輕易被外界聲音定義。我們每個人來到世間,都有不一樣的屬性和使命,無論選擇何種活法,都不需要拿著別人的地圖找路,不需要過多在意別人的看法。

　　很多經濟欠發達地區,尤其是在偏遠山區,早婚早孕是常態。很多二十一二歲的年輕女孩們,在如花一般的年紀就選擇了嫁人,不得不把自己的下半輩子全部押在男人身上,靠婚姻來擺脫生長環境。

　　但現實中,她們中的大多數女孩,一生都無法走出和擺脫生長環境帶來的匱乏感和恐懼感。當女孩們開始意識到,真正承擔起一個生命的重量,就是「人生怪獸」撲面而來的時候。於是,她們又不得不面對現實。於是,她們長夜痛哭,無力突圍。

　　我們無法質疑一個年輕女孩,在不得不的人生裡,選擇了與我們不同的人生。因為我們從未經歷過她的人生,有何資格去質疑和評價她?每一個來到世間的女孩子,都是來渡劫的。女孩們,能夠自由地活著就已經非常不容易了。

　　老家有個妹妹,21 歲就嫁了人,如今是 3 個孩子的母親。她不僅經常看我的朋友圈,看完之後還會羨慕地跟我說:「常常覺

得人生無望，覺得自己像個活死人，想重新活一回。」妹妹還會眼巴巴地問我：「你身邊的那些女孩兒，究竟是如何選擇自己想要的生活的？」

我總會回答她：「其實我也羨慕你，你現在擁有 3 個孩子，而我現在想生，身體也不允許。每種人生都有它的意義，如果你想，你也可以。」

以前的我，喜歡用自己的標準去看待這個世界，去規勸別人。但經過這幾年的成長之後，我開始真正理解，人生不止有一種活法，每個人都有他的屬性和使命，都有不同的花期，沒有必要按照自己的意願去要求別人。

同時，女孩們，也別輕易去羨慕別人的人生，因為每種生活背後，都有它的代價。當你羨慕年薪幾十萬的同齡人時，也要看到在格子間裡工作到天明的他們。

所以，無論當下的你怎麼樣，都不要過度在意外界的聲音。壓力、欲望可以有，只要在自己能夠承受的範圍之內。

婷姐是我學舞蹈時的同學，她是標準的女強人。婷姐說經常有人嘲諷她：「那麼辛苦幹什麼？一定是沒有男人疼愛吧。」婷姐每次都會微笑回答：「我很愛自己，何況我只是不需要被不喜歡的男人疼愛，不像你，為了生活，必須迎合不喜歡的人。」

在大城市，從來不缺為自己努力的女孩們。那些在夜裡加班的女孩，那些長時間奔波於各個城市為夢想而努力的女孩，尤其那些獨立到讓人心疼的女孩，都讓人心生愛意和敬意。

前些年，晴晴5歲大的孩子因為不小心誤食了花生殼，卡住了，很可能有生命危險。這個孩子是晴晴跟先生努力了很久才擁有的，是整個家庭的希望。當全家人都手足無措的時候，只有晴晴，藏起擔憂，理智、冷靜地跟醫生商量各種治療方案，然後安慰著家人，照顧他們的情緒和處理所有的事情。孩子手術成功後，從手術室被推出來那一刻，晴晴暈倒了。

這個世界上，當然是小公主更討人喜歡。可畢竟不是所有人都是小公主，有的人生來就是時代的脊樑，不分男女，這是命運賦予的使命。

那些獨立的女性，她們只想做個大女主，不需要被誰拯救，有事找銀行卡而不是找男人或者婦聯，不太願意給這個世界添麻煩。其實啊，很多女人的一生不就是這樣：出身良好，衣食無憂，父母疼愛，期盼著此生有人憐愛。但看透那些鏡花水月的人，願意多吃一點苦，給自己留一點土壤，把自己的靈魂拾起來。因為她們知道，恃寵而不驕，這才是真正的好命。

即使經常會有人問：「都市里鏗鏘的女孩子，難道就沒有孤

獨寂寞的時候?」事實是：有的。因為我們是人,是人就會有七情六欲,有情緒,何況是女人。

我曾不止一次在演講臺上暈倒,不止一次一個人病倒在異鄉,在陌生的城市、陌生的醫院裡一個人打點滴。剛到北京那會,因為熱感冒發燒,一個人暈倒在出租屋裡,還好被鄰居發現,連夜送去了醫院。

如果你問,後來怎麼樣了?酒吧爛醉?孤單控訴?覺得自己很可憐?

都沒有,只是偶爾也會希望有個人可以依靠,只是希望而已。獨自生活並且很努力的女孩們,越是這種時候,越會冷靜而愉悅地處理好手邊的事情,回到家靜靜地和自己待一會兒。越想放縱的時候越克制,第二天就會有好事發生。這是上天給好女孩們的禮物。

你可以在家相夫教子,也可以在職場廝殺。一部分女孩的安全感,來自包裡有卡,手機有電。我們篤定地面對真實處境,體驗自己的人生。我們不會喝到爛醉,讓化妝品在自己臉上侵蝕。

我們不會哭到半夜,因為第二天又是新的一天。

告訴你一個秘密:「只要你擔心別人會怎麼看你,別人就能奴役你;只有你再也不從自身之外尋求肯定,那你才能真正成為

自己的主人。」

每個年齡段都有每個年齡段的壓力，希望我們都能頂住生活的壓力，好好生活。知道你最近很累，但是請你一定要堅持下去，千萬不要太著急，學會調節好情緒慢慢來，你想要的歲月都會給。就算無人問津也好，技不如人也罷，千萬別讓煩惱和焦慮毀了你本就不多的熱情和定力。

在這風華正茂的年紀我們一定要成為玫瑰嗎？不呀，我們也可以是歲歲枯榮、生生不息的野草。定好目標給自己一點時間沉澱，努力成為更好的人。一起加油吧，男孩女孩們，一起成為更好的自己！

後記

生活拋出太多問題，我去路上尋求解答。

　　生活需要儀式感，而用心去尋找的詩和遠方，按照自己喜歡的方式過一生，成為自己喜歡的樣子，就是對自己最好的寵愛。

　　每一年網上都會興起很多熱詞，這些熱點和熱詞源於生活，也源於當下的人們對生活的期許和仰望。詩和遠方，近些年一直被大家熱議和運用，朋友圈也經常有人會說到，要努力去尋找屬於自己的詩和遠方。

　　一個真正活出了自己的詩和遠方的人，會做人生的主角，想要成為光照亮別人。一個女孩子一定要讓自己成為無可替代的人，真正愛自己，活出自己喜歡的樣子，成為自己。

　　關於生活，無論何時，都要相信信念的力量。對於我個人而

言，我的經歷跟很多人都不太一樣，很早就進入了社會這所最好的大學，2012年就開始創業，從一無所有到應有盡有，再到一無所有，自己經營過酒吧、餐飲店，做過銷售，做過微商，帶過團隊，成立過新媒體公司，得到了太多在這個年紀與之不匹配的東西，也付出過很多這個年紀很難付出的。

相比創業初期的我，很多人說，如今的我比當年更顯得年輕和柔和了，尤其是眼神。以前的自己，很迷茫，不知道未來的路在何方。而如今經歷起伏、得失、成敗之後，內心變得更加強大、淡定和坦然了。這是對我來說，最好的成長和收穫。

人生或許就是這樣，當你需要的時候，身邊一定會出現一些人，她們會改變你的人生軌跡，震撼你的心靈。我瞞著家裡人，放棄了別人所以為的穩定工作，重新走向創業之路，身後也有了一群夥伴信任跟隨。

創業之後的我開始學習如何讓自己由內而外地改變，從形象到心態，從管理能力到運營能力，這些能力讓我的人生發生了非常大的躍遷。這些躍遷，對我來說，遠比我獲得物質生活的優越和事業的成功，更讓我慶倖和驕傲。

以下這些問題，是關於本書分享的生活態度，對於人生選擇和生活方式中的一些感悟和體驗。

1. 對女性來說，什麼最重要？

愛自己真的很重要。這些年，發現那些活得通透和快樂的女人們都有一個共性，就是她們都無比愛自己。從如何讓自己快樂到關注自身健康，從遵從內心到完全不在意外界的聲音，但凡真正愛自己的女人，都活得灑脫而自由。

2. 讓人成長的是什麼？時間嗎？

讓人成長的從來都不是時間，而是經歷過命運的淩厲之後依然對生活和生命保有最初的熱情。

3. 關於人生，現在都在說模仿和拷貝，這樣對嗎？

人生大多事情都不能用對錯來評判，只是看個人如何定義和理解。我們生活的這個世界有太多統一的審美、統一的認知、統一的標準去定義人生和成功。

我們不能要求所有人都跟我們一樣，也要接受和允許我們跟這個世界的其他人不一樣。

你或許很平凡、很普通，但你就是全世界獨一無二的你呀。

4. 在你平時的生活中,你覺得生活最重要的是什麼?

生活其實就是一場體驗和創造的過程,我們最終都會離開這個世界,所以這只有一次的人生,請盡情地享受。

5. 什麼是真正的愛自己?具體表現在哪些方面?

愛自己其實就是照顧好自己的身體和心靈,用心去生活。不為了任何人和事內耗自己,在不影響別人的情況下,盡可能按照自己喜歡的方式生活。

6. 正能量是什麼?

成為真正的自己,當我們活成自己喜歡的樣子後,我們的存在本身就是富有感染力且美好。正能量,就是你自己活成了一束光,然後照亮他人。

正能量,並不是要每時每刻把雞血的話放在嘴邊或者朋友圈,而是當你活成一道光的時候,你的存在,一定會照亮他人,溫暖時光。

7. 關於生活方式和態度?

對於生活方式和態度,每個人都有不一樣的定義,個人覺得

我們需要傾聽自己內心真實的聲音，發自內心地喜歡自己，成為自己。只有當一個人發自內心地喜歡自己的時候，這個人才可能愛上這個世界。

我的生活態度一直都是做自己喜歡的事情，按照讓自己舒服的狀態去生活。這或許是因為經歷過大起大落和生死之後，更加明白了生命的意義。

8. 生活中是什麼樣的人？

有點自私吧，愛自己超過了所有人，不會因為任何人或者事委屈自己。尊重自己的情緒，有喜有悲，用心工作，有生活和事業，愛家人，有自己的情懷。專注活在自己世界，只活好每一個今天。

9. 什麼因素對一個人有著很深的影響？

能力、資源、專業技能、智商都在影響人的一生，但最重要的是環境和心態。

環境就是你所處的圈子，心態是對自我的把控和掌握。一個人會受環境的影響而產生不同的心態和情緒，心態和情緒又可以改變環境帶來的狀態，兩者之間相互影響。在自己所處的適合的

環境當中，去愛自己所愛，行自己所行，快樂就好。

10. 什麼才是最重要的？生活態度是怎麼樣的？

生活可以複雜，可以簡單，全看我們擁有怎麼樣的心態。簡單就是真實，淡然亦是平淡。沒有虛偽，不戴面具，不去張揚真心、真情、真實。得也好，失也罷，榮也好，辱也罷，一切都會過去，在有限的生命裡按照自己喜歡的方式，在不影響別人的情況下，肆意生活，在適合的環境當中去做適合的事情。

關於態度，我自風情萬種，與世無爭。在不干擾別人的情況下，不必在乎別人對你的看法。活出真我，活成自己。不問得失，以慈悲之心看世界，以慈悲之心對萬物。時刻保持察覺情緒、看見真實自己的能力；時刻保持讓自己快樂的能力。

11. 享受每一個今天

過去是回不去的，我們唯一能做的只有活好今天，珍惜今天。無論當下是好的還是壞的，都去享受那個過程，因為我們都無法讓時間重來，所以當下才是最好的時候。

過去已經過去，而未來還沒有到來，我們能把握珍惜的只有今天，每一個當下，決定著我們的未來。無論過去如何，過去的

時光已經過去了，未來的事情不必思量。全心全意地去關注眼前人、身邊事，還有我們內心那些瞬間的感動和心跳。

我們能夠把握的只有當下，日常生活中處處是道場，活在當下就是在修行。當我們有了這樣的認知，才會懂得珍惜每一分鐘，每一個念頭。活在當下，即是生命的全部。

12. 送一句對大家的祝福

願看見這些文字的所有人，都能夠看見自己，相信自己。你是你僅有一次的「人生」的「設計者」和「親歷者」，也是你人生的「引領者」。你是什麼樣的人，就會擁有什麼樣的人生。都好好愛自己，愛最終會迴圈到自己身上，現在所做的、所感受的就是一生中最重要的事；願每一個你，用心享受今天，活在今天，活成自己喜歡的樣子，成為光去溫暖更多的人；願每一個最好的你，遇見最美好的一切，做好今天該做的就夠了。

做好今天該做的就夠了

作　　者—曦文
責任編輯—周湘琦
封面設計—楊雅期
內頁設計—楊雅期
副總編輯—呂增娣
總　編　輯—周湘琦

做好今天該做的就夠了 / 曦文著. -- 初版.
-- 臺北市：時報文化出版企業股份有限公司, 2025.03
　面；　公分
ISBN 978-626-419-319-1(平裝)
1.CST: 自我實現 2.CST: 生活指導
　177.2　　　　　　　　　　114002622

董　事　長—趙政岷
出　版　者—時報文化出版企業股份有限公司
　　　　　　108019 台北市和平西路三段二四○號二樓
　　　　　　發行專線　(02) 2306-6842
　　　　　　讀者服務專線　0800-231-705、(02) 2304-7103
　　　　　　讀者服務傳真　(02) 2304-6858
　　　　　　郵撥　19344724 時報文化出版公司
　　　　　　信箱　10899 臺北華江橋郵局第九九信箱
時報悅讀網— http://www.readingtimes.com.tw
電子郵件信箱— books@readingtimes.com.tw
時報出版風格線臉書— https://www.facebook.com/bookstyle2014
法律顧問—理律法律事務所　陳長文律師、李念祖律師
印　　　刷—家佑印刷有限公司
初版一刷— 2025 年 03 月 28 日
定　　　價—新台幣 420 元
（缺頁或破損的書，請寄回更換）

時報文化出版公司成立於一九七五年，並於一九九九年股票上櫃公開發行，於二○○八年脫離中時集團非屬旺中，以「尊重智慧與創意的文化事業」為信念。

本作品中文繁體版通過成都天鳶文化傳播有限公司代理，經北京長江新世紀文化傳媒有限公司授予時報文化出版企業股份有限公司獨家出版發行，非經書面同意，不得以任何形式，任意重製轉載。